CW01631617

Atlas géopolitique du Royaume-Uni

Les nouveaux défis d'une vieille puissance

Mark Bailoni et Delphine Papin
Cartographie : Eugénie Dumas

Éditions Autrement
Collection Atlas/Monde

AUTEURS
Mark Bailoni est docteur en géopolitique, diplômé de l'Institut français de géopolitique. Spécialiste des questions de géopolitique interne au Royaume-Uni, il est maître de conférences au département de géographie de l'université Nancy-II et chercheur au Centre d'études et de recherches sur les paysages (Cerpa).

Delphine Papin est docteur en géopolitique, diplômée de l'Institut français de géopolitique. Spécialiste des questions multiculturelles au Royaume-Uni, elle enseigne la géographie à Sciences Po Paris et collabore comme cartographe au journal *Le Monde*.

CARTES ET INFOGRAPHIES
Eugénie Dumas est géographe et cartographe indépendante. Elle a réalisé la cartographie de l'*Atlas des forêts dans le monde*.

MAQUETTE
Conception et réalisation : Edire

ÉDITIONS AUTREMENT
Direction : Henry Dougier
Coordination éditoriale : Chloé Pathé
Relecture : David Mac Dougall
Fabrication : Bernadette Mercier
Communication et presse : Doris Audoux
Direction commerciale : Aude Wester

REMERCIEMENTS
Mark Bailoni et Delphine Papin remercient chaleureusement Jérôme Chissey, Agnès Decourtray, Michel Deshaies, Simon Edelblutte, Béatrice Giblin, Peter Newman et Frank Tétart pour leurs précieux conseils et leur soutien.
Les Éditions Autrement remercient Jacqueline Jalta, IA-IPR de l'académie de Paris, pour sa relecture attentive et son soutien toujours renouvelé aux « Atlas Autrement ».

77, rue du Faubourg-Saint-Antoine • 75011 Paris
Tél. 01 44 73 80 00 • Fax 01 44 73 00 12 • www.autrement.com

ISBN 978.2.7467.1258.4
ISSN 1272.0151
Dépôt légal : septembre 2009.
Imprimé et broché en France par Corlet imprimeur SA, sur papier PEFC certifiant une gestion forestière durable.
Achevé d'imprimer en septembre 2009.

Sommaire

INTRODUCTION

En 2012, Londres organisera pour la troisième fois les Jeux olympiques ; mais les trois éditions se sont déroulées dans des contextes radicalement différents, illustrant l'évolution de la situation géopolitique du Royaume-Uni. Au moment de la première édition, en 1908, le pays était la première puissance mondiale. Berceau de la révolution industrielle, son prestige rayonnait sur toutes les mers du monde, à travers le plus grand empire colonial de la planète. Au moment de la deuxième édition, en 1948, le Royaume-Uni était en pleine reconstruction, sortant de la Seconde Guerre mondiale considérablement affaibli. Certes, il fut héroïque pendant le conflit, mais ne dut son salut qu'à l'assistance américaine, scellant la « relation spéciale » entre les deux pays. Juste après la guerre, le rideau de fer tombait sur le continent, plaçant le Royaume-Uni dans le bloc occidental. Un an avant les JO, les Indes, « la perle de son empire », étaient devenues indépendantes, premier acte de l'effritement du domaine colonial britannique. Incontestablement, en 1948, le Royaume-Uni n'était plus la première puissance mondiale.

Plus de cent ans après les premiers JO de Londres, le Royaume-Uni a considérablement changé. Son empire s'est totalement désintégré, il n'en reste que quelques poussières à travers la planète, constituant des bases stratégiques et des paradis fiscaux, ou des territoires trop petits pour former des États indépendants viables. Il a, depuis, intégré un autre espace géopolitique, l'Union européenne. Parfois en marge, comme à propos de l'euro ou de l'espace Schengen, le Royaume-Uni garde cependant une influence diplomatique incontournable à l'échelle du continent, défendant inlassablement sa propre vision de l'Union. Le Royaume-Uni reste certes une puissance militaire incontestable, mais il n'a plus les capacités de mener des opérations d'envergure seul. Il essaie de bâtir de nouveaux systèmes d'alliance, notamment européens, sans pour autant s'affranchir de sa relation spéciale avec les États-Unis. Toutefois, son alignement derrière les positions américaines, notamment dans le conflit très impopulaire en Irak, a écorné son prestige politique et son image.

Le Royaume-Uni a également connu des mutations économiques considérables. S'il était l'atelier du monde au début du XXe siècle, il est devenu le pays le plus tertiarisé d'Europe au début des années 2000. Établie sur les traditions commerçantes des armateurs britanniques, l'économie contemporaine du Royaume-Uni repose essentiellement sur les services, notamment la finance et l'assurance, lui permettant de conserver une certaine influence dans l'économie mondialisée. Mais la crise financière de 2008-2009 se révèle particulièrement douloureuse pour le Royaume-Uni – y compris pour le financement des JO de 2012 –, inaugurant peut-être une nouvelle phase de mutation économique.

Alors qu'un cycle politique semble s'achever après douze ans de blairisme et de néotravaillisme, le Royaume-Uni est également confronté à des défis intérieurs nouveaux. Cet État multinational est ébranlé par le réveil des nationalismes. Si la dévolution devait apporter une réponse aux velléités autonomistes des Écossais et des Gallois, la victoire des nationalistes aux élections de 2007 en Écosse pourrait constituer un nouveau pas vers le séparatisme et poser la question de l'avenir du Royaume-Uni. En Irlande du Nord, si la paix semble revenue, les tensions restent latentes et les deux communautés sont encore loin de la réconciliation. Enfin, contrecoup de la montée des nationalismes dans les

« périphéries celtiques », les Anglais redécouvrent leur identité et contribuent à redéfinir la britannicité, l'identité britannique.
La montée des nationalistes participe également à la remise en cause du modèle multiculturel britannique, aux côtés d'autres événements tels que la multiplication des émeutes raciales ou les attentats du 7 juillet 2005 à Londres, perpétrés par de jeunes citoyens britanniques issus de l'immigration postcoloniale. On s'interroge sur la place des minorités ethniques et religieuses au sein de la nation et de la citoyenneté britanniques, alors qu'il existe de nombreux quartiers communautaires dans les grandes agglomérations du pays, source de véritables phénomènes de ségrégation, notamment dans l'est de Londres, là où se dérouleront les JO de 2012.
Cet atlas est une synthèse inédite des grandes questions géopolitiques internes et externes du Royaume-Uni. Ses analyses se placent dans une démarche géopolitique, définie par Yves Lacoste comme l'étude des rivalités de pouvoirs sur des territoires, en tenant compte des représentations contradictoires dont elles sont l'objet et qui suscitent des débats entre citoyens. La démarche géopolitique concerne tout type de territoire, des plus petits aux plus vastes. Elle ne se limite pas à l'étude des grands conflits ou des grandes tensions internationales car, si les rivalités de pouvoir peuvent s'exercer à l'échelle mondiale ou continentale, elles peuvent également exister à l'intérieur d'un même État, au sein d'une région, d'une grande ville ou même d'un quartier.
Cet atlas propose donc un panorama multiscalaire des enjeux géopolitiques du Royaume-Uni, en abordant à la fois les grandes problématiques mondiales (politique étrangère, alliances militaires, mondialisation économique, etc.), européennes (place du pays dans la construction et dans l'espace de l'UE), nationales (dynamiques économiques, disparités sociales, géographie électorale), régionales (questions identitaires, montée des nationalismes dans les périphéries) ou même locales (tensions communautaires à Belfast, réaménagement urbain et organisation des JO à Londres, caractère multiethnique et religieux de la capitale, etc.). Cette analyse multiscalaire permet également de montrer les interactions entre ces différents niveaux d'analyse.
Enfin, cet atlas se construit sur l'étude des représentations des différents acteurs géopolitiques. Analyser ces représentations constitue un moyen privilégié de cerner les comportements et les motivations des divers acteurs et ainsi de mieux comprendre leurs actions. Le concept de représentation renvoie à la manière dont un groupe humain, qui se distingue par certains particularismes (langue, culture, origine nationale, religion, relations avec le territoire, caractéristiques sociales, comportement électoral, etc.), se raconte son histoire et celle de ses voisins. Ces représentations sont susceptibles d'induire des comportements qui peuvent déboucher sur des rivalités, modifier des stratégies, mais aussi initier de nouvelles politiques.
Par la démarche géopolitique, cet atlas propose d'apporter les clés pour mieux comprendre les problématiques du Royaume-Uni d'aujourd'hui. Mieux appréhender les enjeux géopolitiques britanniques permet d'apporter un regard nouveau sur les problématiques françaises : France et Royaume-Uni sont en effet confrontés à des questions géopolitiques souvent comparables, bien que les réponses qui leur sont apportées diffèrent considérablement, reflétant des particularismes forts propres à chaque pays.

LES GRANDS ENSEMBLES NATURELS

Densités et populations urbaines

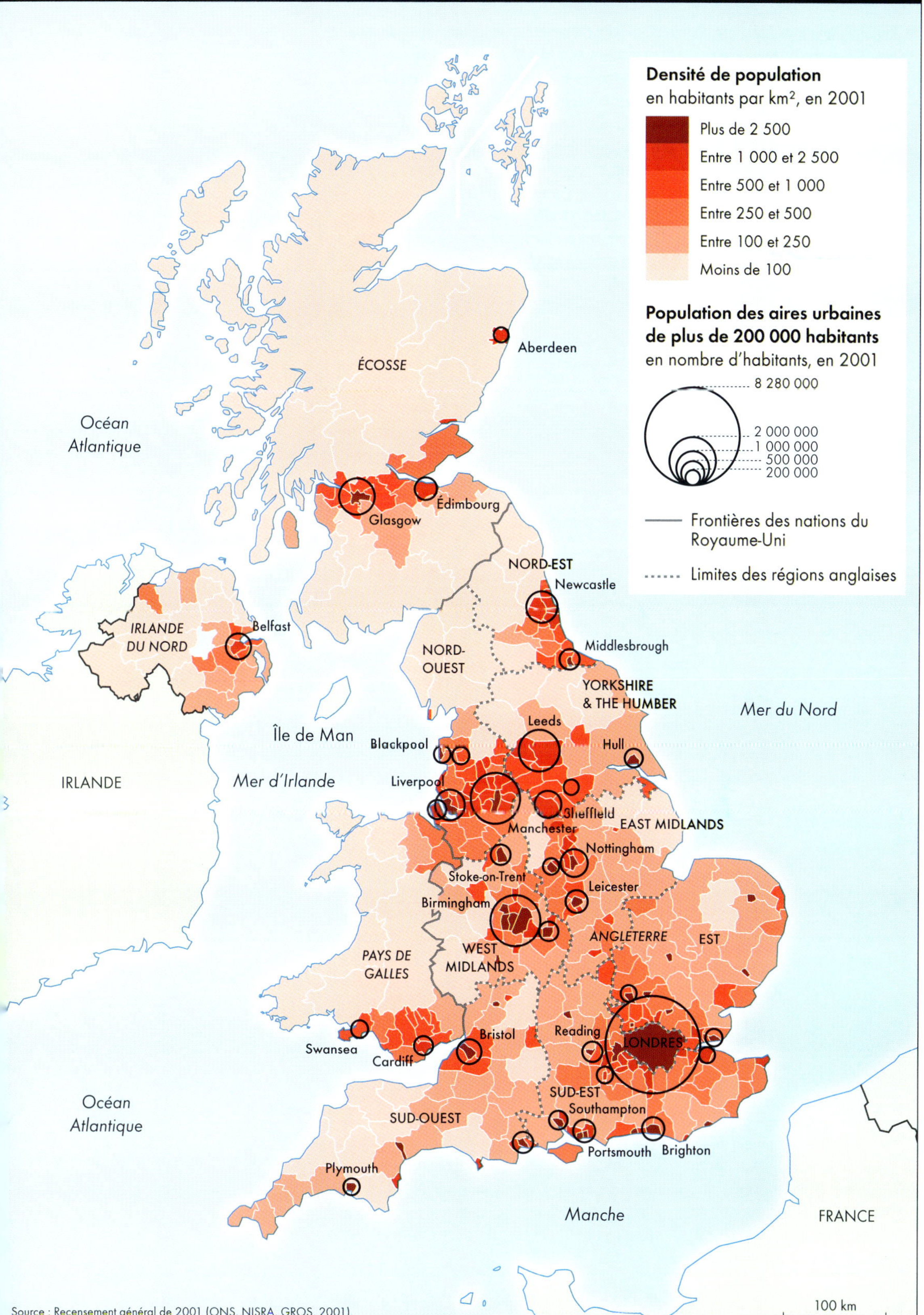

Source : Recensement général de 2001 (ONS, NISRA, GROS, 2001).

UN ÉTAT, PLUSIEURS NATIONS

Le Royaume-Uni de Grande-Bretagne et d'Irlande du Nord est une construction géopolitique originale : c'est un État multinational composé de quatre entités – l'Angleterre, l'Écosse, le pays de Galles et l'Irlande du Nord. Des valeurs partagées, comme la Couronne, la religion protestante et l'idée d'un destin commun, ont permis de cimenter l'union, bien que chacune des nations ait gardé ses particularismes. La construction nationale britannique est donc radicalement différente du modèle français d'État-nation. Les notions de nationalité, d'État et d'identité ne s'appréhendent pas de la même manière en France et au Royaume-Uni.

LA CONSTRUCTION DU ROYAUME-UNI DE GRANDE-BRETAGNE

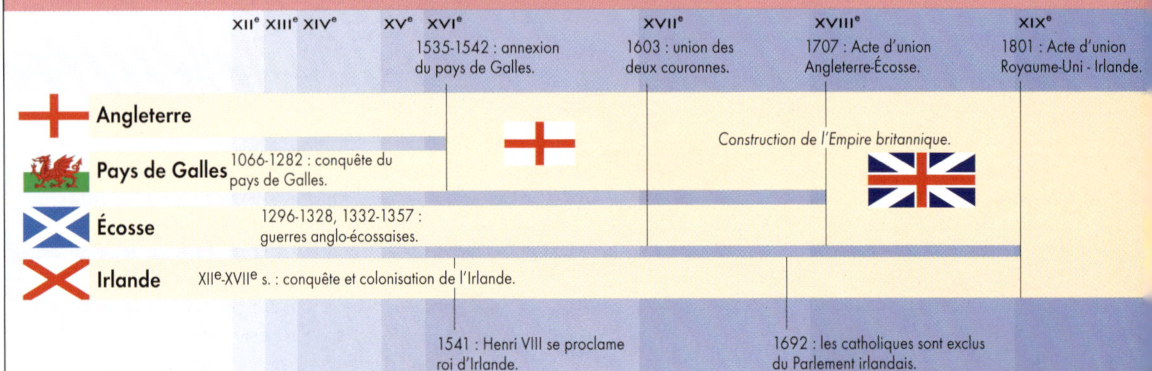

Le drapeau, symbole d'un État multination

La composition de l'*Union Jack* (ou *Union Flag*) symbolise la construction politique du Royaume-Uni et son caractère multinational. L'Union Jack est la superposition des drapeaux anglais (la croix de Saint-Georges), écossais (la croix de Saint-André) et irlandais (la croix de Saint-Patrick). Le premier Union Jack apparaît au moment de l'union des deux couronnes, avant d'être officialisé comme drapeau du Royaume-Uni de Grande-Bretagne en 1707. L'Union Jack actuel est créé en 1801 avec l'ajout de la croix de Saint-Patrick au moment de l'Acte d'union avec l'Irlande et de la formation du Royaume-Uni de Grande-Bretagne et d'Irlande.

Le pays de Galles n'est pas symbolisé sur ce drapeau car il a été conquis par l'Angleterre et annexé au royaume par les lois de 1535-1542. Il n'a pas fait l'objet d'un « Acte d'union », contrairement à l'Écosse ou à l'Irlande.

L'Union Jack est présent sur les drapeaux des différents territoires d'outre-mer britanniques (sauf Gibraltar), sur ceux de certaines provinces canadiennes, sur celui de l'État d'Hawaii et même sur les drapeaux de quatre États indépendants, l'Australie, la Nouvelle-Zélande, les Fidji et Tuvalu. Cette diffusion de l'Union Jack est un héritage du vaste empire colonial britannique.

Si l'Union Jack est le drapeau du Royaume-Uni, le *Royal Standard* est le drapeau officiel de la Couronne, utilisé par la reine dans ses fonctions de souveraine du Royaume-Uni. Symbolisant l'union des trois couronnes, il reprend les armoiries des trois anciens royaumes britanniques : les trois lions (léopards) passants anglais, le lion rampant écossais et la harpe irlandaise. Le Royal Standard montre la place fondamentale de la monarchie dans l'unité des nations britanniques.

De par leurs compositions, l'Union Jack et le Royal Standard sont donc des symboles géopolitiques extrêmement évocateurs.

LES ÎLES BRITANNIQUES

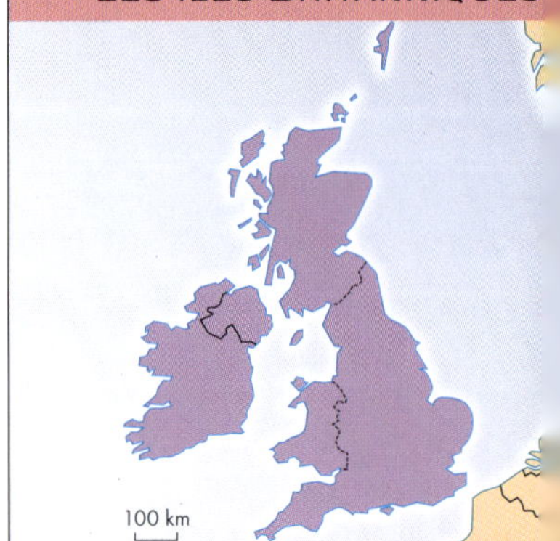

LE ROYAUME-UNI

Territoires des nations et identités nationales

Îles Britanniques, Royaume-Uni, Grande-Bretagne et Angleterre sont des notions géographiques et politiques souvent confondues. Elles indiquent cependant des territoires différents peuplés par des populations distinctes. Le sens même du mot « britannique » (*British*) est ambigu : il ne définit ni les habitants de la Grande-Bretagne, ni ceux des îles Britanniques. Il désigne les citoyens du Royaume-Uni et rassemble les Anglais, les Écossais, les Gallois et les Nord-Irlandais.

Chaque Britannique peut se revendiquer comme appartenant à la nation anglaise, galloise ou écossaise, mais aussi simultanément à la nation britannique. Il y a ainsi un double niveau d'identité nationale au Royaume-Uni. Mais si les Anglais n'ont aucun mal à se dire britanniques, les deux termes étant souvent confondus, les Écossais et les Gallois préfèrent se définir à travers de leur propre identité nationale. Ce rapport se complique encore davantage en Irlande du Nord, où une partie de la population – les catholiques – se réclame de la nation irlandaise, au même titre que les citoyens de la république d'Irlande, et une autre partie – les protestants – se rattache à la nation britannique. Il n'y a pas d'identité nationale nord-irlandaise à proprement parler. De ce fait, on parle de province d'Irlande du Nord plutôt que de nation. Le Royaume-Uni est donc un État unifié et unitaire, où la diversité de ses nations composantes est préservée. Certains particularismes gallois ou écossais ont été maintenus malgré l'unification des nations. De cette conception d'un État multinational découle la notion d'État multiculturel, avec l'arrivée de migrants en provenance de l'Empire. Cette multiplicité d'identités est possible par le sens même de la nation britannique, qui est inclusive et qui permet, par extension, aux membres des minorités ethniques de se définir comme *British-Pakistani* ou *Black-British* : un trait d'union inconcevable dans la conception exclusive de la nation en France.

ET D'IRLANDE DU NORD

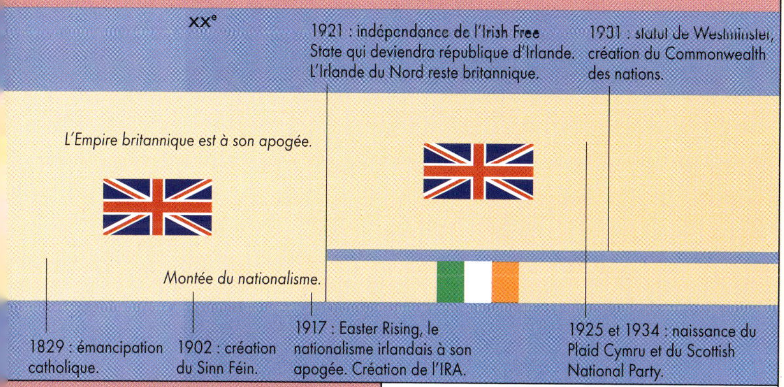

LA GRANDE-BRETAGNE

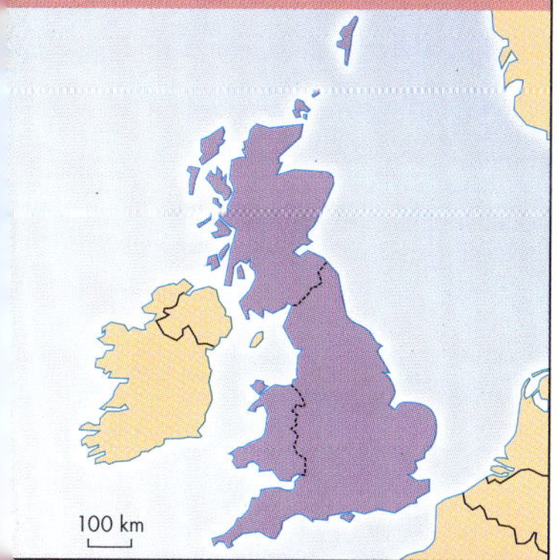

> « *Je suis anglais, mais mon passeport me décrit comme un citoyen britannique, mon adresse postale signale que j'habite au Royaume-Uni et quant à mes impôts, quand je n'ai pas d'autre solution, je les paie à Sa Majesté.* »
> M. BYWATER, *NEW STATESMAN*, 2000.

L'ANGLETERRE

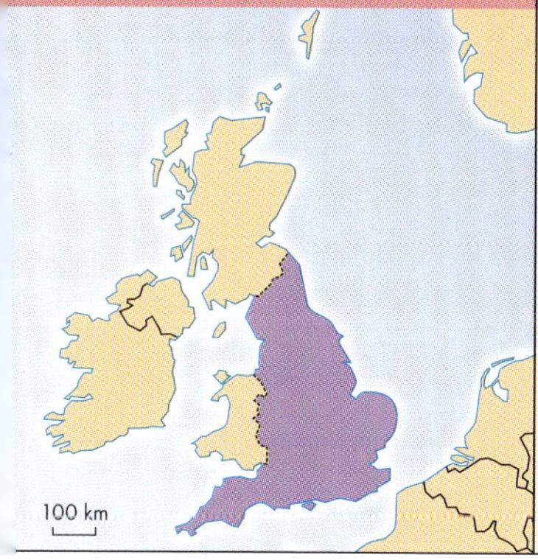

LA PERCEPTION DES IDENTITÉS NATIONALES

Pourcentage de personnes qui se sentent...

	Angleterre	Écosse	Pays de Galles
A/E/G et pas Britannique	16	26	23
Plus A/E/G que Britannique	14	29	19
Autant A/E/G que Britannique	40	29	33
Plus Britannique que A/E/G	9	4	7
Britannique et pas A/E/G	17	10	15
Rien de cela/NSPP	4	3	2

A/E/G : Anglais, Écossais ou Gallois

Sources : Sondage *The Sunday Telegraph*/ICM, novembre 2006 (Angleterre, Écosse) ; sondage BBC Wales/ICM, février 2006 (pays de Galles).

« LIBRE UNION » OU « JOUG ANGLAIS » ?

Les racines de l'État britannique remontent au haut Moyen Âge. Son territoire ne trouve cependant sa forme actuelle que dans les années 1920. La construction du Royaume-Uni est une longue histoire de conquêtes militaires, d'unions politiques et de vagues de colonisations. L'interprétation de cette histoire nationale – pourtant commune aux quatre nations – est différente pour chacun des peuples britanniques. Les Anglais considèrent que le Royaume-Uni est une « libre union », réalisée autour de la Couronne et d'intérêts partagés. Les Écossais, les Gallois et les Irlandais parlent plutôt du « joug anglais » ou de l'« expansionnisme impérial ».

La genèse de l'Angleterre

Les origines du royaume d'Angleterre remontent à l'unification des royaumes anglo-saxons de l'heptarchie (IXe siècle). Après la période de la domination danoise en Angleterre, Édouard le Confesseur (1042-1066) restaure le royaume. Guillaume le Conquérant (1066-1087) et ses successeurs finissent d'unifier l'Angleterre, en contrôlant l'ensemble de leur domaine et en créant les fondements administratifs d'un véritable État.

LE DOMAINE DE GUILLAUME LE CONQUÉRANT

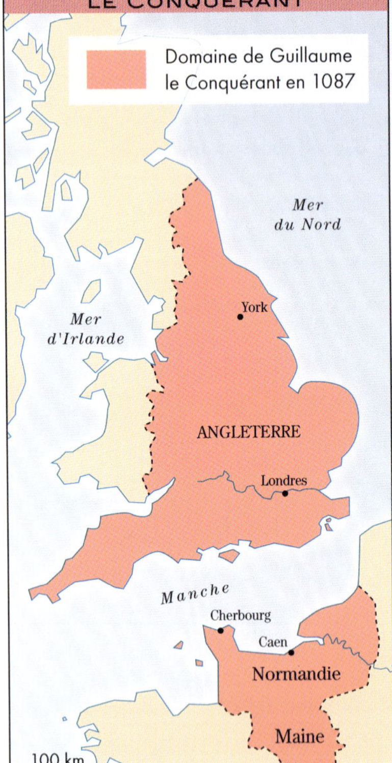

Source : www.lib.utexas.edu/maps/world.html.

LE DOMAINE ANGLAIS EN 1450

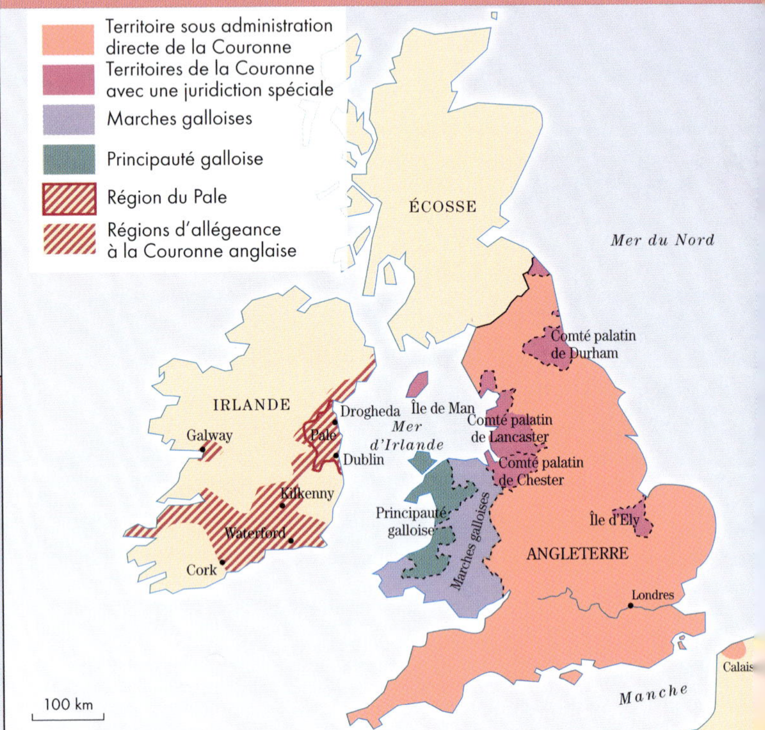

Sources : d'après www.lib.utexas.edu/maps/world.html et S. Duffy (dir.), *Atlas historique de l'Irlande*, Paris, Autrement, 2002.

La conquête du pays de Galles

Les souverains anglo-saxons ont tenté de conquérir le pays de Galles, composé de multiples royaumes et seigneuries, sans jamais réussir à dominer durablement de vastes territoires. Les rois normands sont les premiers à véritablement s'y installer en créant des seigneuries au sud et à l'est.

En 1283, Édouard Ier d'Angleterre achève la conquête du pays de Galles, qui devient une principauté avec comme souverain l'héritier du trône d'Angleterre. Ce territoire constitue alors une marche du royaume, parfois instable, mais dont le contrôle politique est stratégique pour la Couronne. Les seigneurs gallois jouent d'ailleurs un rôle décisif lors de la guerre des Deux-Roses (XVe siècle).

Par les lois de 1535-1542, le pays de Galles est intégré politiquement au royaume d'Angleterre. Il est soumis aux mêmes lois et au même système administratif que le territoire anglais, et il envoie ses représentants au Parlement de Westminster.

LE ROYAUME-UNI AU DÉBUT DU XVIIIe SIÈCLE

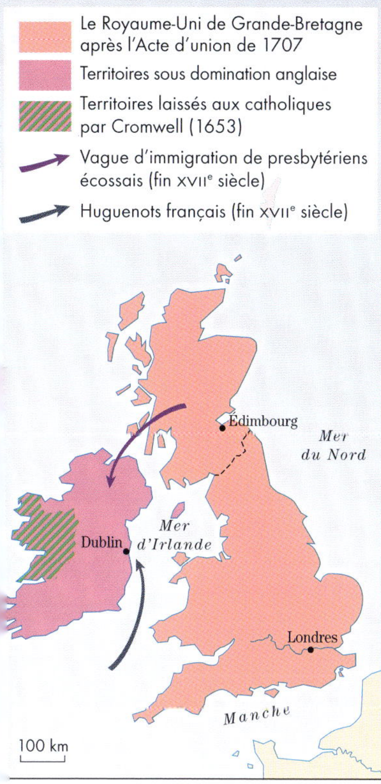

LE ROYAUME-UNI AU XIXe SIÈCLE

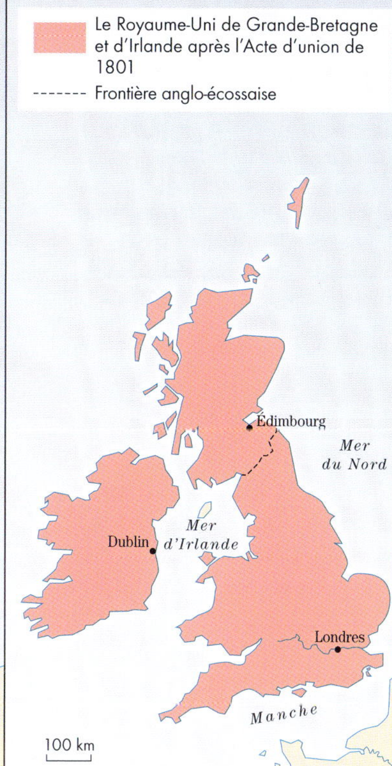

> ***Cette pierre précieuse sertie dans une mer d'argent qui la défend [...] contre la jalousie des contrées moins heureuses, ce lieu béni, cette terre, ce royaume, cette Angleterre.***
> **W. SHAKESPEARE, 1597, *RICHARD II*, ACTE 2, SCÈNE 1.**

L'Irlande : de la conquête à la partition

La conquête de l'Irlande débute au XIIe siècle, mais l'influence de la Couronne anglaise ne se limite réellement qu'à la région de Dublin, le *Pale*. Au XVIe siècle, Henri VIII veut conquérir toute l'île et y imposer la loi anglaise. Il se proclame roi d'Irlande en 1541. Ses successeurs poursuivent la conquête achevée en 1603. Au XVIe siècle, les premières plantations sont créées : les terres sont confisquées aux Irlandais pour être attribuées à des colons anglais et écossais. Au XVIIe siècle, les Irlandais tentent de profiter de la guerre civile anglaise pour recouvrer leur indépendance, mais Cromwell rétablit violemment l'autorité anglaise sur l'île, confisquant davantage de terres aux catholiques. Leur sort s'aggrave encore au XVIIIe siècle, notamment avec la promulgation des lois pénales anticatholiques. Le soulèvement irlandais de 1798 aboutit à l'Acte d'union de 1801 et à la création du « Royaume Uni de Grande-Bretagne et d'Irlande ».

Au XIXe siècle, les campagnes pour l'émancipation des catholiques puis pour l'indépendance irlandaise progressent parallèlement aux famines et à l'émigration massive des Irlandais. La montée du républicanisme chez les catholiques, illustrée par l'insurrection de Pâques en 1916, et l'intransigeance des protestants irlandais conduisent à la partition de l'Irlande en 1921 et à la naissance de l'État libre d'Irlande en 1922. Seul l'Ulster demeure au sein du « Royaume-Uni de Grande-Bretagne et d'Irlande du Nord ».

LA PARTITION IRLANDAISE

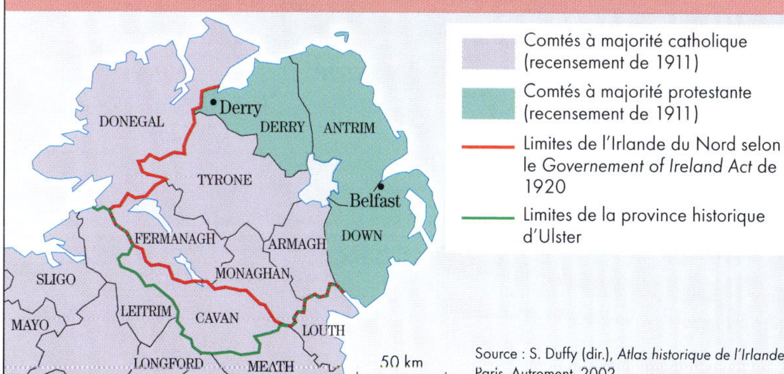

Source : S. Duffy (dir.), *Atlas historique de l'Irlande*, Paris, Autrement, 2002.

L'union avec l'Écosse

Pendant tout le Moyen Âge, des épisodes de guerres, des raids et de courtes périodes de paix rythment les relations entre les royaumes d'Écosse (unifié au IXe siècle) et d'Angleterre, mais jamais les rois anglais ne parviennent à conquérir l'Écosse et à étendre durablement leur domaine vers le nord. En 1603, la mort d'Élisabeth Ire, célibataire et sans enfants, laisse le trône anglais vacant. Son cousin, Jacques VI d'Écosse, devient alors roi d'Angleterre sous le nom de Jacques Ier. C'est l'union des deux couronnes : un même souverain règne sur les deux royaumes.

Par la suite, des relations étroites se développent entre les deux peuples. Les velléités d'union sont fortes : les Écossais veulent développer leur marché commercial et accéder à l'empire anglais. Les Anglais veulent stabiliser leur frontière nord. En 1707, l'Acte d'union entérine la fusion des deux parlements et donne naissance au « Royaume-Uni de Grande-Bretagne ».

LES INSTITUTIONS BRITANNIQUES : UN

Les institutions britanniques se sont construites au fur et à mesure des aléas de l'histoire et des rapports de force politiques internes au Royaume-Uni. Les lois successives sont venues s'ajouter les unes aux autres pour former un corpus constitutionnel. Le Royaume-Uni est en effet la seule démocratie au monde, avec Israël, à n'avoir pas de réelle Constitution. Ce système constitutionnel doit cependant évoluer, notamment pour être compatible avec le droit européen. L'absence de cadre strict lui permet d'être relativement souple et facilement amendable, même pour la mise en place de réformes constitutionnelles majeures, comme la dévolution écossaise et galloise.

Le schéma constitutionnel du Royaume-Uni

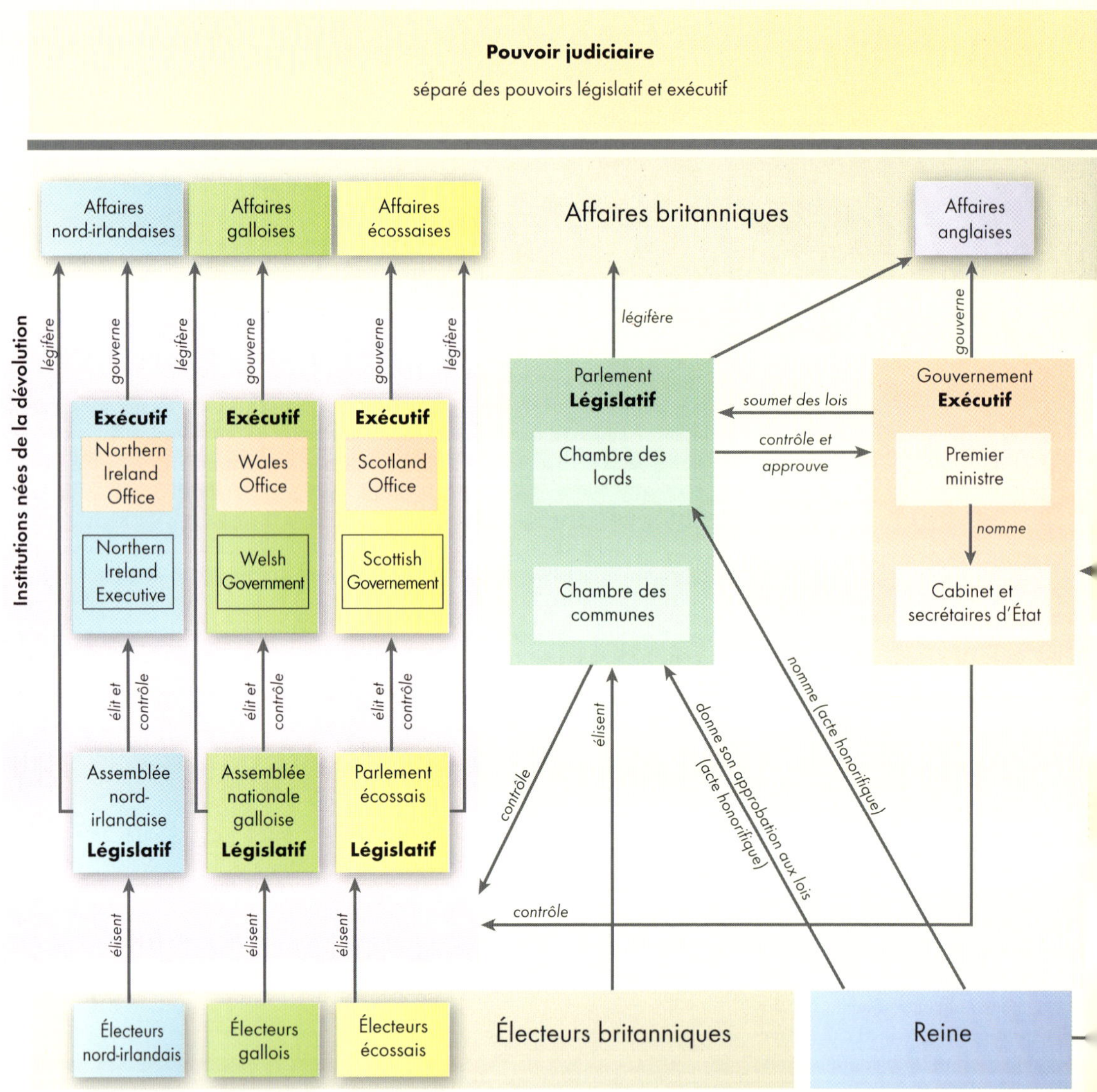

ÉQUILIBRE SUBTIL

La suprématie du Parlement

Le Parlement de Westminster est bicaméral. D'un côté, la Chambre des communes constitue la chambre basse et ses députés sont élus directement par suffrage universel. C'est elle qui a le dernier mot sur les lois votées. De l'autre, les membres de la Chambre des lords, la chambre haute, sont formellement nommés par la reine, sur recommandation d'une commission indépendante. Une minorité est issue de l'Église ou membre par héritage. La Chambre des lords a été considérablement réformée depuis la fin des années 1990, même si certains voudraient aller plus loin et soumettre les lords au suffrage universel.

Le Parlement de Westminster est le cœur du système constitutionnel britannique. En effet, le Royaume-Uni ne dispose d'aucune Constitution écrite, définissant, limitant et protégeant les pouvoirs de chacun. Un ensemble de lois forme le corpus constitutionnel britannique. Dans ce système, le pouvoir souverain appartient donc au Parlement. Toute loi votée peut être abrogée par une loi ultérieure, y compris les lois historiques et fondamentales comme celles définissant les pouvoirs de la Couronne et du Parlement, les libertés individuelles ou la dévolution. Il n'y a aucun frein au pouvoir du Parlement et la majorité du moment est la seule garante des institutions britanniques.

Cependant, l'appartenance à l'Union européenne a remis en cause certaines compétences du Parlement britannique. Ainsi, par le *Human Rights Act* de 1998, la législation britannique prend en compte les dispositions de la Convention européenne des droits de l'homme, notamment le principe de libertés fondamentales impossible à remettre en cause. De nombreux juristes réclament la mise en place d'une Constitution écrite ou, du moins, d'une hiérarchisation des textes de loi, mais le débat n'a toujours pas abouti.

> ***Le meilleur argument contre la démocratie est une discussion de cinq minutes avec un électeur moyen.***
> **WINSTON CHURCHILL, 1947.**

QUELQUES LOIS FONDAMENTALES

- **1215 :** la **Magna Carta** établit que le roi n'est pas au-dessus des lois.
- **1679 :** l'**Habeas Corpus** énonce qu'un individu ne peut être emprisonné sans jugement.
- **1689 :** le ***Bill of Rights*** définit les principes de la monarchie constitutionnelle.
- **1701 :** l'***Act of Settlement*** définit les règles de succession au trône.
- **1832 :** le ***Reform Act*** fixe les bases d'un mode de scrutin démocratique.

La monarchie constitutionnelle en pratique

En théorie, le pouvoir exécutif appartient au souverain britannique. Dans la pratique, la reine règne mais ne gouverne pas : elle ne dispose que de pouvoirs formels et honorifiques, elle agit en fonction des recommandations du Parlement, c'est-à-dire des électeurs et du gouvernement. Ainsi, elle nomme le Premier ministre et les ministres, en fonction du résultat des élections législatives, ou elle dissout le Parlement et convoque des élections sur la demande du gouvernement. Dans son « discours du trône », qui ouvre la session parlementaire, elle annonce les grandes mesures qui seront entreprises par le gouvernement.

La reine est également gouverneur suprême de l'Église d'Angleterre. Elle en nomme les membres les plus importants, sur recommandation du premier ministre, lui-même conseillé par les dirigeants du clergé. La reine est aussi chef du Commonwealth et, à ce titre, chef d'État de quinze autres États.

La dévolution à géométrie variable

La volonté de modernisation, incarnée par le *New Labour*, et l'objectif de réduire l'influence des partis nationalistes écossais et gallois sur des terres historiquement travaillistes expliquent la mise en œuvre de la dévolution dès l'arrivée au pouvoir de Tony Blair. La dévolution a été approuvée par référendum en 1997 en Écosse et au pays de Galles et mise en place en 1999.

Le principe de « dévolution à géométrie variable » a été privilégié pour respecter les particularismes de chaque nation. Ainsi, les nouvelles institutions écossaises, galloises et nord-irlandaises sont totalement différentes et fonctionnent avec leur propre système de compétences.

Le Parlement d'Édimbourg a le pouvoir de voter des lois concernant les affaires internes à l'Écosse (éducation, santé, transports, économie locale, logement, emploi, culture, etc.). L'Assemblée de Cardiff a moins de compétences, notamment dans le domaine législatif, et n'a aucun pouvoir fiscal, contrairement au Parlement écossais. L'Assemblée galloise n'a pas le statut de Parlement. Un gouvernement composé d'un *first minister*, nommé par la reine, et de ministres contrôle l'exécutif dans chacune des nations. La mise en place de l'Assemblée d'Irlande du Nord, le *Stormont*, a été décidée par les accords de paix du vendredi saint de 1998 et approuvée par un référendum. La dévolution nord-irlandaise repose sur le principe de consensus et de partage des pouvoirs entre les deux communautés. L'exécutif et l'Assemblée doivent être biconfessionnels. Conformément aux accords, la république d'Irlande a un droit de regard sur les affaires nord-irlandaises.

La dévolution à géométrie variable est inachevée puisqu'elle n'a pas concerné l'Angleterre (quatre cinquièmes des Britanniques), hormis à Londres avec la remise en place d'institutions autonomes. Les nations britanniques sont donc administrées par des systèmes institutionnels et législatifs différents, ce qui crée un certain déséquilibre politique entre elles.

DE « SUJET » À « CITOYEN »

En France, citoyenneté et nationalité sont indissociables depuis 1789, les deux notions apparaissant d'ailleurs souvent comme synonymes. Ce n'est pas le cas au Royaume-Uni, où le lien entre le citoyen et la nation britannique n'est établi par la loi que depuis 1981. L'héritage d'un État multinational, la décolonisation de l'Empire et la prise de conscience de l'installation définitive d'immigrés en provenance du Commonwealth ont obligé le pays à repenser la notion de « sujet » et à définir dans les années 1980 une citoyenneté britannique.

LES CITOYENS D'OUTRE-MER

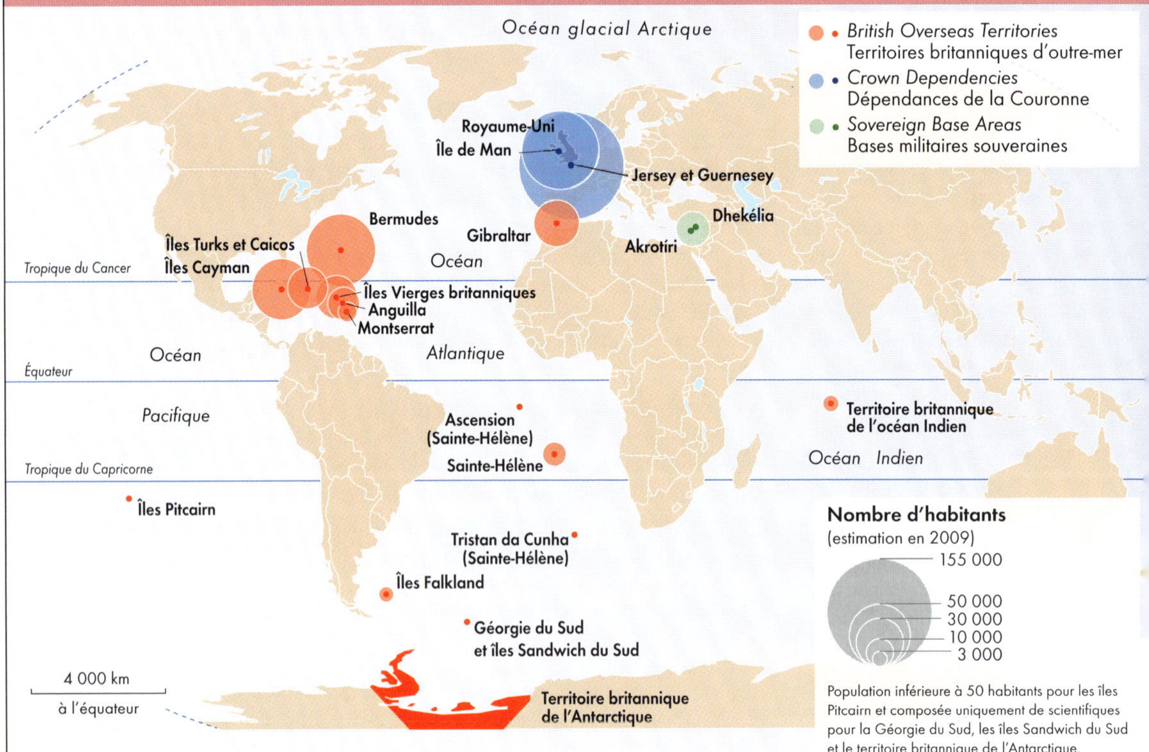

Source : Home Office, UK Border Agency, *CIA World Factbook*, 2009.

Le serment prêté pour devenir citoyen britannique

Depuis le 1er janvier 2004, les adultes qui demandent la citoyenneté britannique doivent participer à une « cérémonie de la citoyenneté ». Au cours de cette cérémonie, ils prêtent serment d'allégeance à la reine et de loyauté envers le Royaume-Uni ; ils s'engagent aussi « à en respecter les droits et libertés, à en défendre les valeurs démocratiques, à en observer fidèlement les lois et à respecter [leurs] devoirs et obligations en tant que citoyen britannique ».

« I, [nom], swear by Almighty God that, on becoming a British citizen, I will be faithful and bear true allegiance to Her Majesty Queen Elizabeth the Second, Her Heirs and Successors according to the law.

I will give my loyalty to the United Kingdom and respect its rights and freedoms. I will uphold its democratic values. I will observe its laws faithfully and fulfil my duties and obligations as British citizen. »

Une citoyenneté tardive

Avant 1948, les Britanniques n'étaient pas citoyens, mais « sujets » de Sa Majesté. En 1948, est voté le *British National Act* qui définit une règle de citoyenneté impériale accordant le même statut à tous les membres de l'Empire britannique en respectant le droit du sol. La citoyenneté est donc octroyée indistinctement aux personnes nées au Royaume-Uni et dans l'Empire. Ainsi, à l'apogée de l'Empire, au début du XXe siècle, plus de 800 millions d'individus peuvent entrer librement et légalement au Royaume-Uni. Dans les années 1960, l'immigration s'accélère et l'opinion publique s'inquiète de l'arrivée de migrants « de couleur » en provenance du « Nouveau Commonwealth ». En 1962, le gouvernement conservateur réglemente pour la première fois l'entrée des immigrés en votant le *Commonwealth Immigration Act*, loi qui édicte un système de permis de travail. Le parti travailliste s'oppose à ces mesures mais, une fois au pouvoir, il ne les remet pourtant nullement en cause. Par la suite, la loi n'a cessé d'aller dans le sens des renforcements du contrôle et de la limitation des entrées : en 1971, les personnes en provenance du Nouveau Commonwealth ne sont plus automatiquement autorisées à s'établir au Royaume-Uni, même si elles sont en possession d'un permis de travail. Le système devient contradictoire : le droit de la nationalité reste relativement libéral mais les lois sur l'immigration sont de plus en plus restrictives.

UN « TEST DE CITOYENNETÉ »

Depuis 2005, l'État a mis en place un test de connaissances intitulé « Life in the United Kingdom Test » qui comprend 24 questions à choix multiples sur des aspects aussi divers que la politique, la culture, le droit du travail ou la vie pratique au Royaume-Uni.

Extraits

1. Pourquoi des protestants français ont-ils migré vers le Royaume-Uni aux XVIe et XVIIIe siècles ?
a. Pour échapper aux persécutions religieuses.
b. Pour échapper aux persécutions politiques.
c. Pour trouver un emploi.
d. Pour éviter une catastrophe naturelle.

2. À la fin des années 1960, des personnes originaires d'Inde ont quitté l'Ouganda à cause :
a. d'une épidémie.
b. d'inondations.
c. de la famine.
d. d'une expulsion.

3. Quelle est la minorité ethnique la plus nombreuse au Royaume-Uni ?
a. Africaine.
b. Chinoise.
c. Indienne.
d. Arabe.

4. En quelle année l'Église d'Angleterre a-t-elle été établie ?
a. Dans les années 1730.
b. Dans les années 1430.
c. Dans les années 1530.
d. Dans les années 1630.

5. Quelle est la proportion de ménages britanniques propriétaires de leur maison ?
a. 33 %
b. 10 %
c. 66 %
d. 25 %

Réponses : 1a - 2d - 3c - 4c - 5c.

Le *British Citizen* de la loi de 1981

En 1981, Margaret Thatcher entreprend une réforme du droit de la nationalité de 1948. Pour la première fois, l'identité nationale britannique est définie en fonction des liens unissant l'individu au Royaume-Uni. En découlent trois types de citoyenneté : le *British Citizen*, ou citoyen britannique, seul à jouir de la pleine et entière citoyenneté ; le *British Dependent Territories Citizen*, citoyen des territoires sous tutelle britannique ; enfin, le *British Overseas Citizen*, citoyen britannique d'outre-mer. La loi prévoit qu'un enfant né au Royaume-Uni est, dès sa naissance, citoyen britannique si l'un de ses parents est citoyen ou réside de façon permanente au Royaume-Uni. Cette disposition amorce le passage du droit du sol au droit du sang. Ainsi, le Code de la nationalité britannique s'apparente de plus en plus à celui de ses voisins européens, lui permettant de contrôler l'immigration sur son territoire.

Le droit de vote des minorités du Nouveau Commonwealth

En France, nationalité et exercice de la citoyenneté sont indissociables ; ainsi, les « immigrés » qui n'ont pas la nationalité française n'ont pas non plus le droit de vote. Au Royaume-Uni, en revanche, les personnes originaires du Nouveau Commonwealth et du Pakistan qui résident sur le territoire ont la pleine jouissance des droits de citoyenneté et ce qu'elles détiennent ou non la nationalité britannique. Ainsi, quelle que soit la catégorie de citoyenneté britannique à laquelle elles appartiennent, le passé colonial de l'Empire britannique leur confère le droit de vote et l'éligibilité à toutes les élections. À titre d'exemple, un résident bangladais ayant la nationalité bangladaise peut – s'il satisfait aux réglementations de l'immigration – travailler dans les services publics, avoir le droit de vote et être même éligible à toutes les élections au Royaume-Uni.

> ***« La possession d'une carte d'identité devrait être un choix personnel pour les citoyens britanniques. »***
> **ALAN JOHNSON, *HOME SECRETARY* (MINISTRE DE L'INTÉRIEUR), 30 JUIN 2009.**

LES DISPARITÉS TERRITORIALES AU ROYAU

Le Royaume-Uni présente d'importants clivages internes à la fois démographiques, économiques et politiques. L'union est totalement déséquilibrée au niveau des nations, puisque l'Angleterre est largement dominante : elle représente en effet 54 % du territoire et 85 % de la population britannique. Mais l'Angleterre n'est pas un ensemble homogène : elle est fractionnée par d'importantes disparités socio-économiques, symbolisées par un clivage Nord/Sud, ce qui renforce les déséquilibres internes au Royaume-Uni.

LES DÉSÉQUILIBRES AU ROYAUME-UNI

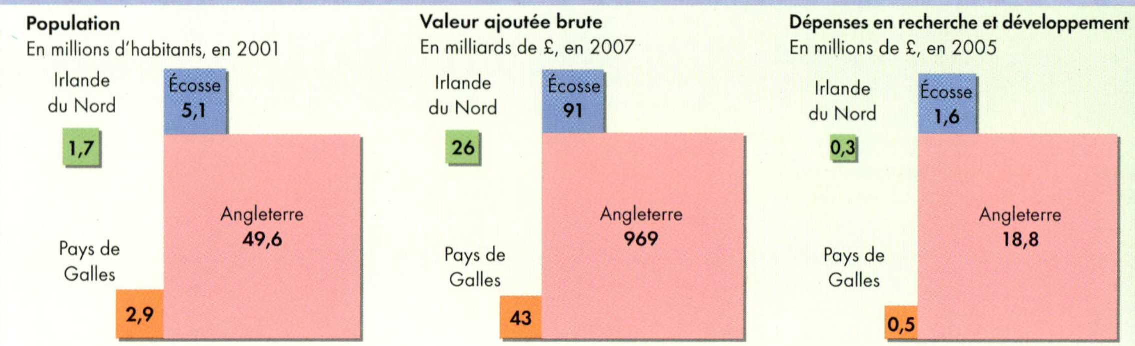

Source : Office for National Statistics, Census 2001.

LES INÉGALITÉS DE REVENUS EN ANGLETERRE

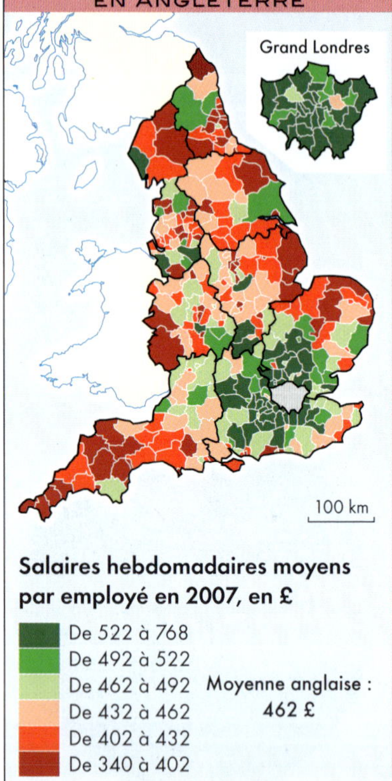

Source : Office for National Statistics, 2007.

La suprématie anglaise

Une seule des trois composantes nationales du Royaume-Uni, l'Angleterre, regroupe cinq fois plus d'habitants que les trois autres réunies. L'Angleterre produit 86 % des richesses du Royaume-Uni, assure 87 % des exportations britanniques et ses universités accueillent 80 % des étudiants du pays. L'Angleterre investit huit fois plus dans la recherche et le développement que l'Écosse, le pays de Galles et l'Irlande du Nord réunis. Elle domine aussi largement la vie politique, puisque 82 % des députés britanniques sont élus dans une circonscription anglaise. L'Écosse, le pays de Galles et l'Irlande du Nord sont souvent présentés comme les « nations périphériques » ou les « périphéries celtiques » du Royaume-Uni.

Ce déséquilibre se retrouve dans les considérations identitaires des différentes nations britanniques. Du fait de leur suprématie, les Anglais ont souvent confondu Royaume-Uni et Angleterre, britannicité et anglicité. À l'inverse, les Écossais et les Gallois ont tendance à défendre leurs particularismes identitaires pour ne pas se fondre dans le moule anglais. La très large domination de l'Angleterre a pu également engendrer certains ressentiments, qui expliquent la montée de considérations nationalistes, autonomistes, voire séparatistes en Écosse, au pays de Galles ou en Irlande du Nord.

ME-UNI : UNE UNION DÉSÉQUILIBRÉE

LA SANTÉ : UN INDICATEUR DES DISPARITÉS EN ANGLETERRE

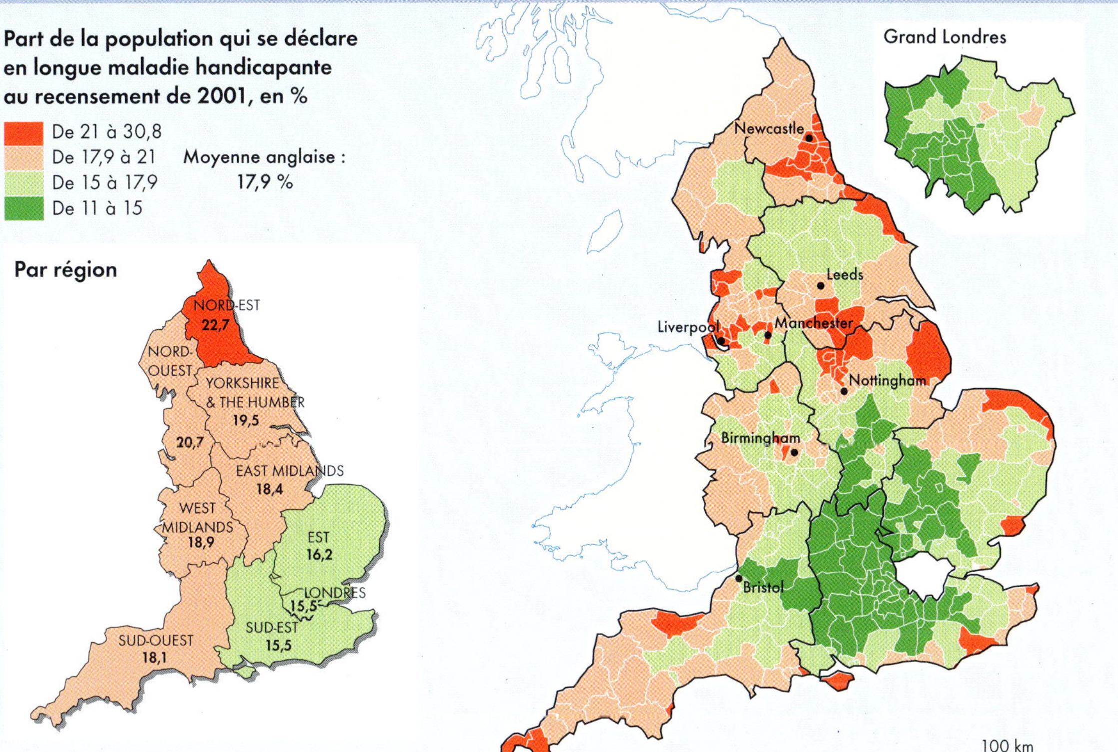

Source : Office for National Statistics, 2001.

Le clivage Nord/Sud : une réalité ?

L'Angleterre est loin d'être un ensemble homogène. Son territoire est marqué par d'importantes disparités socio-économiques, fréquemment simplifiées par l'image d'un clivage Nord/Sud. En effet, les régions du Nord présentent davantage de difficultés que le Sud.

Ce clivage est ancien. Apparu au moment de l'industrialisation massive du Nord, il devient un véritable problème au moment des premières crises économiques. Dès les années 1930, des politiques d'assistance territoriale sont mises en place. Elles sont considérablement renforcées après-guerre. Les fonds européens viennent également tenter de résoudre les disparités. Mais des décennies de programmes de réaménagement et de relance économique menés par l'État se sont révélées inefficaces. L'écart semble même s'être creusé dans les années 1970 et 1980, parallèlement aux douloureuses restructurations industrielles et minières.

Toutefois, l'idée du clivage Nord/Sud peut se montrer trop réductrice pour décrire la réalité des disparités territoriales en Angleterre. En effet, si les cartes statistiques montrent clairement ce clivage à une échelle régionale, il est beaucoup moins évident à l'échelle locale. Il y a d'importantes poches de précarité dans le Sud (pointe sud-ouest de l'Angleterre, centre-est de Londres ou certaines villes littorales comme Portsmouth ou Hastings) alors que l'on trouve des territoires favorisés dans le Nord (Cheshire, nord du Yorkshire).

Le clivage Nord/Sud : un argument politique

La représentation du clivage Nord/Sud a été exploitée politiquement à partir des années 1980, au moment de la radicalisation politique entre les travaillistes du Nord et le gouvernement Thatcher qui démentait l'existence de tout clivage. Cette image oppose un Sud bourgeois, prospère et conservateur à un Nord ouvrier, pauvre et travailliste. Elle reste très utilisée dans le discours des élus du Nord, qui entendent sensibiliser le gouvernement central aux problèmes de leur territoire, et par les partisans d'une forte décentralisation en Angleterre. L'image du clivage représente selon eux l'incapacité historique de Londres, c'est-à-dire l'État central, à répondre aux difficultés du Nord. Désormais, au-delà de toute réflexion sur la pertinence d'une telle représentation, ni les conservateurs, ni l'État ne nient l'existence d'un clivage Nord/Sud. Il serait en effet électoralement hasardeux de le contester.

> « *La Grande-Bretagne est divisée par un clivage Nord-Sud. […] Allez vers le nord, vous verrez que les voitures sont moins nombreuses et que les vêtements sont plus usés.* »
> THE ECONOMIST, 1987.

LE DOUBLE CLIVAGE ÉLECTORAL

Le paysage électoral britannique se caractérise par une tendance au bipartisme, actuellement remise en cause. Ce phénomène s'explique par le mode de scrutin et participe à nourrir une abstention traditionnellement forte. La géographie électorale révèle également une forte territorialisation des forces politiques britanniques. Il existe un double clivage électoral au Royaume-Uni, entre le nord et le sud du pays, mais également entre territoires urbains et ruraux. Cette territorialisation très marquée est une particularité britannique, qui ne se retrouve pas dans les autres pays européens, si ce n'est, comme le souligne le Daily Telegraph, en Ukraine.

Une territorialisation électorale très marquée

La géographie électorale reflète des clivages économiques historiques. Les zones de force travaillistes correspondent aux espaces urbains et aux anciens grands bassins industriels et miniers, c'est-à-dire à des territoires de tradition ouvrière, qui ont particulièrement souffert de la politique économique de restructurations menée par le gouvernement Thatcher. Les conservateurs sont eux plutôt bien implantés dans le sud du pays et dans des territoires ruraux ou périurbains, moins marqués par l'industrialisation. S'il était déjà perceptible dans les années 1950, le clivage électoral s'est considérablement renforcé dans les années 1980 et 1990. Cette période a marqué une fracture entre l'électorat du Nord et le parti conservateur, qui ne s'est toujours pas refermée. En effet, si, au niveau national, les *tories* ont nettement progressé aux élections de 2005, ils ont stagné à des taux historiquement bas dans le nord de l'Angleterre, en Écosse et au pays de Galles, où ils restent fortement impopulaires.

Ce clivage révèle une forme de particularisme identitaire dans des territoires où la tradition ouvrière reste vivace. Pour les populations du Nord, attachées au modèle de l'État providence, le sud de l'Angleterre incarne toujours le centre conservateur du pays, incapable de comprendre leurs besoins et responsable des souffrances du tournant postindustriel.

LES RÉSULTATS DES ÉLECTIONS

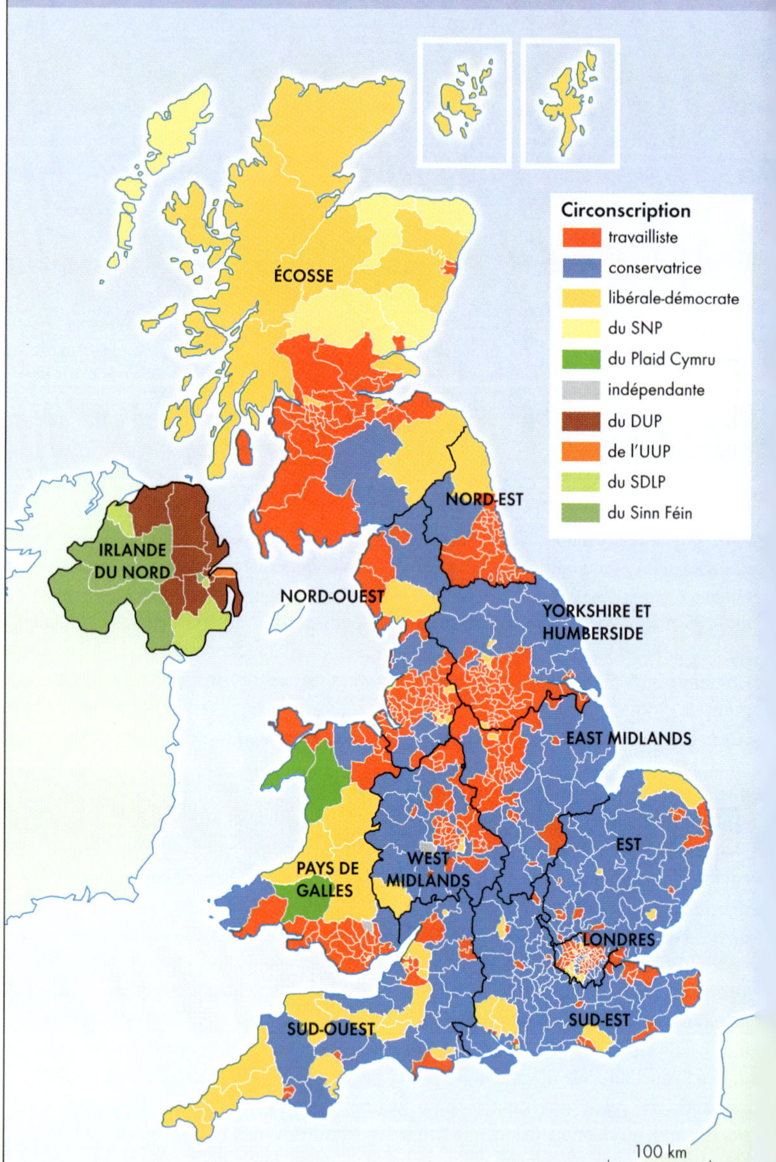

Source : d'après M. Bailoni, 2006.

Vers une nouvelle géographie électorale ?

La victoire exceptionnelle du New Labour aux élections de 1997 s'explique par la conquête de nouveaux territoires dans le centre et dans le sud du pays, dans ce que Tony Blair appelait la *Middle England*, marquant un bouleversement des clivages historiques.

Actuellement, dans un contexte d'essoufflement et d'usure du pouvoir du New Labour, la géographie électorale continue d'évoluer. La prépondérance travailliste est remise en cause jusque dans ses fiefs. Les *lib-dems*, mais également les partis nationalistes gallois et écossais réussissent en effet à remporter de nets succès dans des territoires historiquement travaillistes. La victoire des conservateurs à Londres en 2008 montre également le recul du Labour dans une ville pourtant historiquement travailliste. Comme le montrent les sondages réguliers, la majorité travailliste est contestée dans certains conseils locaux comme à Westminster.

> « ***64 % des personnes interrogées dans le Nord estiment que les conservateurs sont avant tout le parti du sud de l'Angleterre et non du pays tout entier.*** »
> **SONDAGE *THE TIMES*/POPULUS, PUBLIÉ LE 7 FÉVRIER 2007.**

GÉNÉRALES DE 2005 PAR CIRCONSCRIPTION

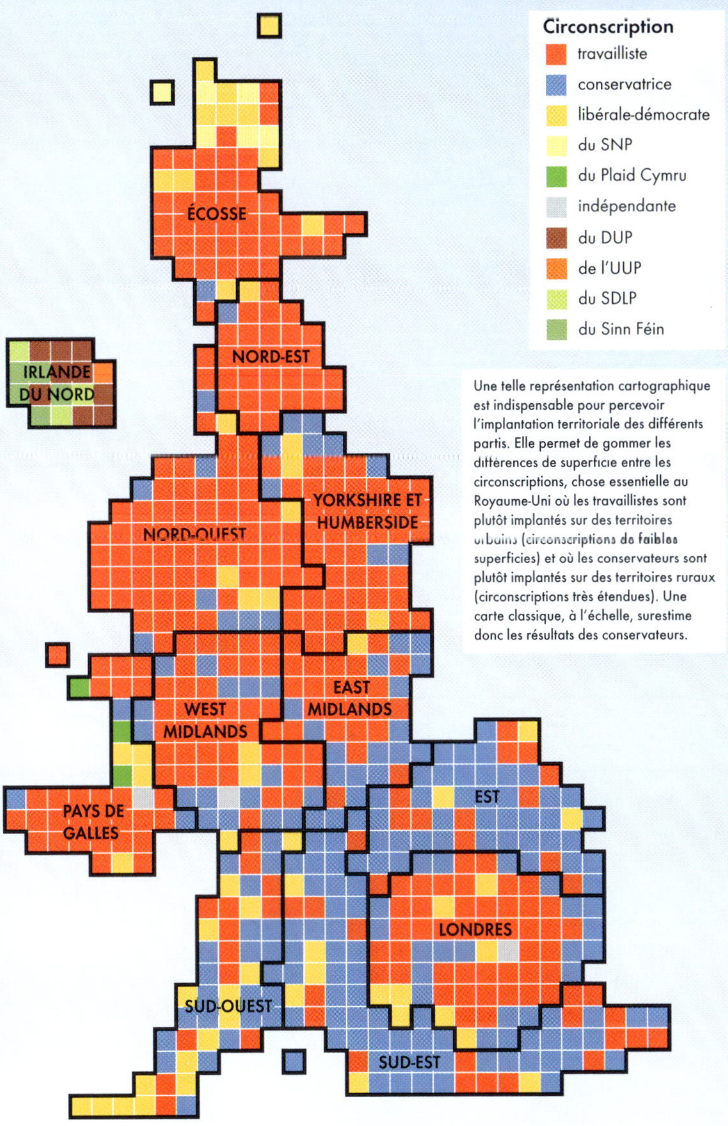

Une telle représentation cartographique est indispensable pour percevoir l'implantation territoriale des différents partis. Elle permet de gommer les différences de superficie entre les circonscriptions, chose essentielle au Royaume-Uni où les travaillistes sont plutôt implantés sur des territoires urbains (circonscriptions de faibles superficies) et où les conservateurs sont plutôt implantés sur des territoires ruraux (circonscriptions très étendues). Une carte classique, à l'échelle, surestime donc les résultats des conservateurs.

Source : d'après M Bailoni, 2007.

Les nouveaux territoires libéraux-démocrates

Depuis les années 1920, la majorité parlementaire alterne entre les travaillistes et les conservateurs. Ces deux partis recueillent systématiquement une large majorité des suffrages. Le mode de scrutin majoritaire à un tour favorise le bipartisme : c'est en effet le candidat arrivé en tête qui remporte le siège, même si sa majorité n'est que relative. Un tel système pousse les électeurs à « voter utile ». Toutefois, s'il était extrêmement fort dans les années 1950, ce bipartisme traditionnel est régulièrement remis en cause par l'émergence d'un troisième parti. Ainsi, au cours des derniers scrutins, les libéraux-démocrates ont réalisé des scores significatifs, recueillant 22,1 % des voix aux élections générales de 2005.

Ces résultats sont remarquables, dans la mesure où les *lib-dems* ont remporté de nombreux sièges dans leurs fiefs traditionnels (les zones ultrapériphériques – Highlands, Northumberland, Cornouailles), mais également dans de nouveaux territoires urbains. Ces progrès sont aussi perceptibles au niveau local : plusieurs villes sont en effet passées sous contrôle *lib-dem* (Newcastle, Liverpool, York ou Cambridge). Ils profitent d'un certain désenchantement d'électeurs traditionnellement travaillistes, qui sont contre la politique sociale ou internationale du New Labour, mais qui ne peuvent se résigner à voter conservateur. Reste à savoir si ces résultats sont durables.

UNE ANGLETERRE OU DES ANGLETERRES

Les Anglais sont en pleine introspection identitaire, contrecoup de plusieurs phénomènes : la mondialisation et les nouvelles donnes économiques, la disparition de l'Empire et le déclin de la puissance britannique à l'échelle mondiale, la construction européenne, les interrogations sur l'idéal multiculturel britannique, mais surtout la montée des nationalismes écossais et gallois, concrétisée par la dévolution. Cette profonde réflexion se traduit par un renouveau de l'identité nationale anglaise et de l'anglicité, et par l'affirmation d'identités locales ou régionales sur certains territoires.

> « ***Le terme « anglais » exclut une partie de l'Angleterre. Le « vrai » Anglais, l'« authentique » Anglais, la « véritable » Angleterre se trouvent au sud du pays.*** »
>
> **PETER TAYLOR, *POLITICAL GEOGRAPHY*, VOL. 12, N° 2, 1993.**

Le renouveau de la nation anglaise...

Depuis les années 1990, on observe un renouveau de la nation anglaise, qui transparaît à travers les enquêtes d'opinion et la prolifération de symboles identitaires, le plus visible étant le drapeau anglais, présent sur beaucoup de bâtiments officiels. Si les Anglais arboraient auparavant l'Union Jack, ils préfèrent désormais la croix de Saint-Georges.

Longtemps cantonnée à une image négative, voire xénophobe, la célébration de la nation anglaise est devenue plus consensuelle. Les grandes villes, y compris celles tenues par les travaillistes, organisent des parades populaires pour la Saint-Georges, à l'image des fêtes de la Saint-Patrick en Irlande ou de la Saint-André en Écosse.

L'Angleterre se cherche de nouveaux symboles identitaires, notamment un hymne. En effet, les nations britanniques ont chacune leur hymne, sauf l'Angleterre qui utilise le *God Save the Queen*, l'hymne du Royaume-Uni.

LES IDENTITÉS EN ANGLETERRE

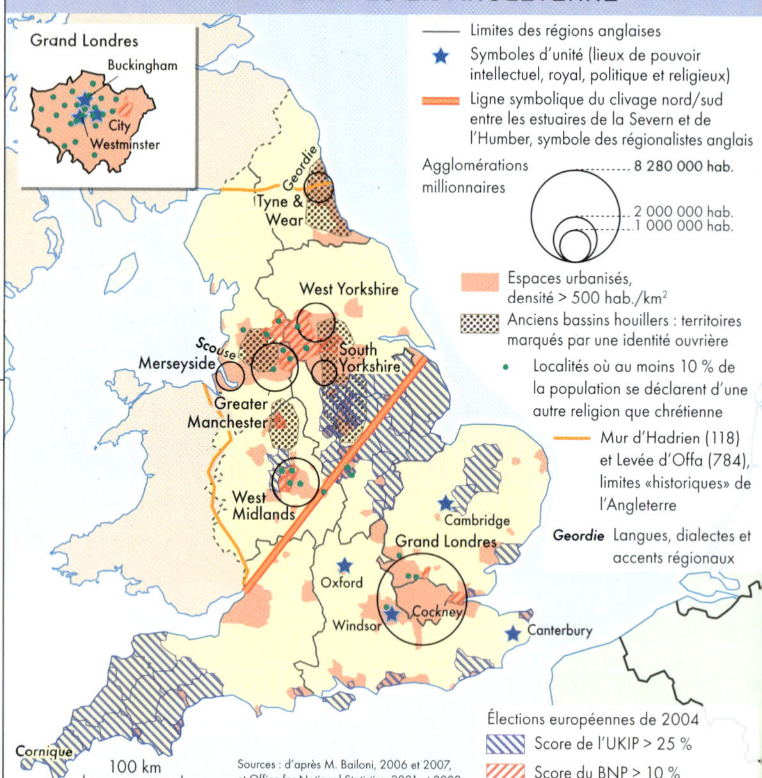

Sources : d'après M. Bailoni, 2006 et 2007, et Office for National Statistics, 2001 et 2002.

... et la montée des régionalismes

Des mouvements régionalistes sont en pleine construction dans les territoires les plus périphériques de l'Angleterre, où les problèmes sociaux et économiques sont les plus importants. En faisant pression sur les grands partis, le gouvernement et les élus, ils défendent l'idée d'une décentralisation en Angleterre et réclament une autonomie plus ou moins importante des régions anglaises.

Les nationalismes écossais et gallois ont fortement inspiré ces mouvements régionalistes, dans leur discours comme dans leur stratégie politique. Les régionalistes entendent profiter du contrecoup de la dévolution pour alimenter leur discours construit en manipulant, en instrumentalisant et en interprétant certains particularismes identitaires régionaux (dialecte, accent, culture) et certains événements de l'histoire locale. Ils entendent ainsi favoriser l'émergence d'une nouvelle donne politique et identitaire en Angleterre.

IDENTITÉ ANGLAISE ET OPINION PUBLIQUE

	Personnes se déclarant sans ambiguïté anglaises	Ensemble des personnes interrogées
Pourcentage de personnes qui :		
sont très fières d'être anglaises	69	44
sont très fières d'être britanniques	39	43
préfèrent l'indépendance écossaise	37	24
préfèrent la dévolution écossaise	42	54
préfèrent un Parlement anglais	25	18
préfèrent garder la livre sterling	73	60
préfèrent quitter l'Union européenne	22	15
pensent que les immigrés prennent le travail	70	40
pensent qu'il est mauvais que les minorités ethniques soient aidées	26	16
pensent que l'égalité des chances est allée trop loin	46	34
pensent avec un peu ou beaucoup de préjugés racistes	37	28
pensent que pour être anglais, il est important :		
- d'être né en Angleterre	51	29
- d'avoir des parents anglais	41	25
- d'avoir vécu la majorité de sa vie en Angleterre	32	23
- d'être blanc	24	12

Source : tableau adapté de C. G. A. Bryant, 2006.

ERRITOIRE ET SITUATION POLITIQUE DES CORNOUAILLES

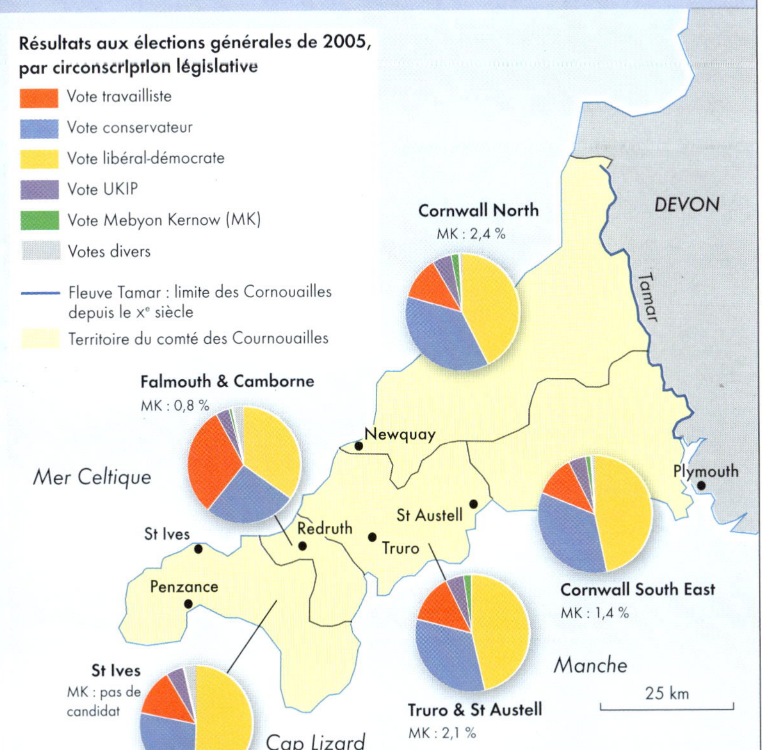

Sources : d'après M. Bailoni, 2008 et House of Commons Library.

Le mouvement régionaliste du Nord

Ce mouvement, proche des milieux travaillistes, est apparu dans les années 1980. Il entend défendre les intérêts socio-économiques des vieilles régions industrielles du nord de l'Angleterre. Ces territoires périphériques souffrent en effet de problèmes structurels depuis plusieurs décennies.

Un véritable discours identitaire se développe également dans le Nord. Il s'inspire du passé industriel et ouvrier de la région, mais aussi de l'histoire ancienne pour développer ou construire des particularismes culturels et politiques. Les régionalistes montrent que le Nord est un territoire de marge en Angleterre depuis l'Antiquité. Ils construisent ainsi leur discours sur des antagonismes et des ressentiments vis-à-vis du « Sud », c'est-à-dire du centre politique et économique du pays. Certains régionalistes vont même jusqu'à parler d'une « nation du Nord », distincte de la « vraie Angleterre », celle du Sud.

Le mouvement nationaliste cornique

Ce mouvement a construit son discours sur la défense des particularismes celtes des Cornouailles et sur la promotion du cornique, qui ne compte pourtant que 300 locuteurs. Une frange plus politique et plus radicale considère que les Cornouailles constituent une nation britannique à part entière, hors de l'Angleterre. C'est la position du parti nationaliste Mebyon Kernow, qui s'inspire du Plaid Cymru gallois, sans pour autant dépasser des scores anecdotiques.

Mais le mouvement est très influent politiquement. Ainsi, les nationalistes ont réussi à faire annuler un projet de réforme du gouvernement local dans les années 1970. Ce projet prévoyait de réunir toute l'agglomération de Plymouth, construite sur l'estuaire du Tamar, dans une même autorité et donc de redécouper la limite du comté constituée depuis le Xe siècle par le fleuve. Le territoire est un autre élément fondateur de l'identité cornique.

L'ÉCOSSE : PARTICULARISMES CULTURELS

La dévolution et l'autonomie politique de l'Écosse devaient permettre de répondre aux aspirations nationalistes des Écossais. Elles devaient assurer la pérennité du Royaume-Uni en offrant une alternative au séparatisme. Toutefois, les nationalistes ont remporté les élections écossaises de 2007 : ils sont désormais le premier parti du Parlement d'Édimbourg et dirigent l'exécutif écossais. Pour autant, dix ans après la dévolution, si l'élargissement de l'autonomie reste envisagé, les Écossais ne semblent toujours pas déterminés à devenir indépendants.

Entre celtitude et pétrole

Le discours nationaliste écossais repose d'abord sur la défense de particularismes culturels, tels que le gaélique, langue officielle en Écosse depuis 2005. Mais cette langue celte est en constant recul : elle avait 230 000 locuteurs en 1901 et seulement 90 000 en 2001, essentiellement dans le nord-ouest des Highlands et dans les Hébrides. Le scots est l'autre langue régionale écossaise. Il est proche de l'anglais et dérive des dialectes anglo-saxons du nord de l'Angleterre. Il est parlé essentiellement dans le sud et dans l'est de l'Écosse. Il est compris par 1,6 million de locuteurs selon une étude du gouvernement écossais (2005). Toutefois il n'a pas le statut de langue officielle en Écosse : le scots n'est qu'une « langue traditionnelle ». S'il a nettement plus de locuteurs, il n'a pas une place aussi importante que le gaélique dans les représentations identitaires écossaises.

TERRITOIRES POLITIQUES EN ÉCOSSE

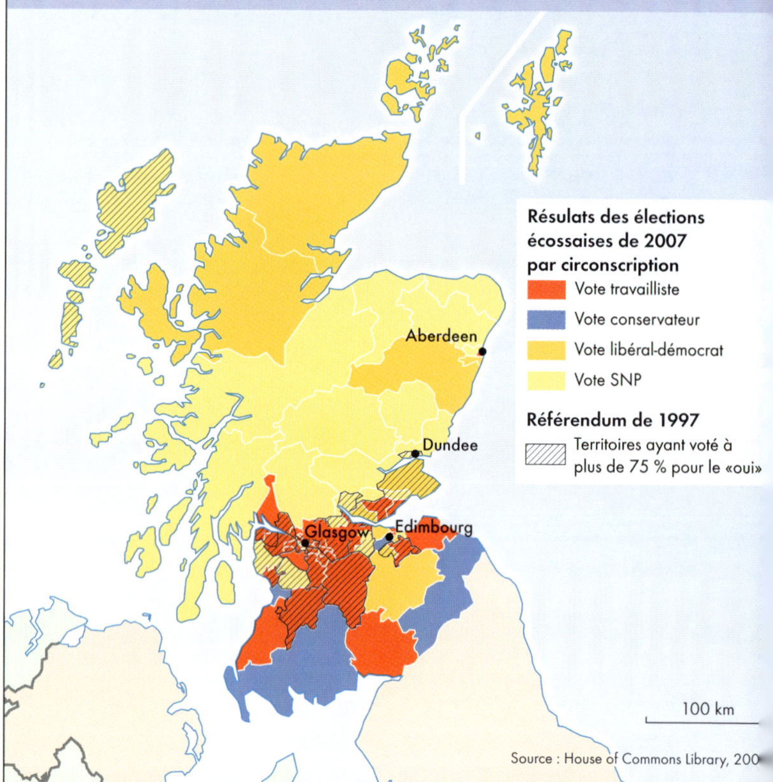

L'identité écossaise transparaît également à travers les institutions. L'Écosse a en effet conservé son Église d'État et ses propres systèmes de justice et d'éducation après l'union de 1707. Le presbytérianisme et la coutume du droit écrit (par opposition au droit coutumier anglais) sont des marqueurs identitaires fondamentaux pour les Écossais. La dévolution et la renaissance du Parlement d'Édimbourg ont renforcé les particularismes institutionnels écossais.

Enfin, le nationalisme écossais s'est également construit à partir de revendications économiques. Le pétrole de la mer du Nord, exploité depuis les années 1970, est un argument incontournable pour les indépendantistes : il apparaît comme une garantie et une manne financière assurée pour une Écosse indépendante. Les hydrocarbures servent aussi de symbole dans les représentations nationalistes : l'Écosse serait une colonie dont la principale richesse naturelle – le pétrole – serait pillée par les Anglais et l'État britannique.

« ***Si l'Estonie, la Lettonie et la Lituanie peuvent avoir une place aux sommets européens, pourquoi pas l'Écosse ?*** »
MANIFESTE DU SCOTTISH NATIONAL PARTY, 2007.

ET REVENDICATIONS ÉCONOMIQUES

LA REPRÉSENTATION ÉCOSSAISE À WESTMINSTER (2005)

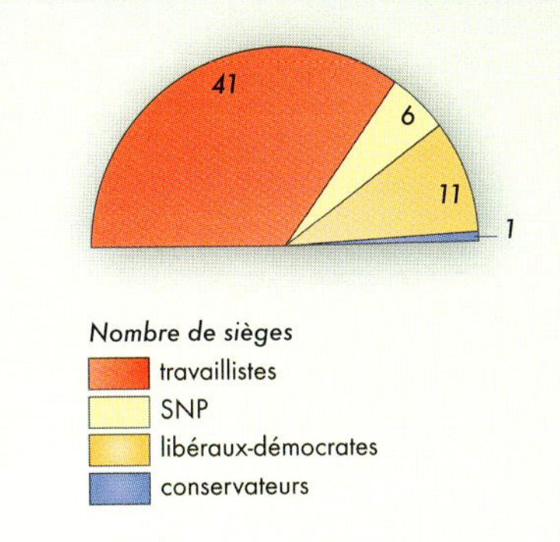

LE PARLEMENT D'ÉDIMBOURG (2007)

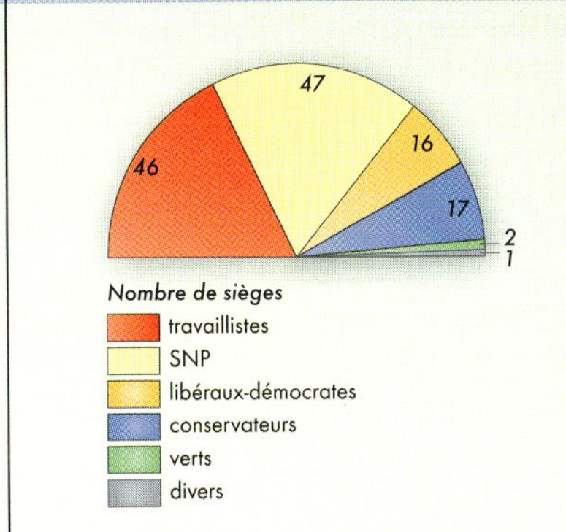

LES PARTICULARISMES IDENTITAIRES EN ÉCOSSE

Sources : d'après M. Bailoni, 2006 et Y. Plasseraud (dir.), *Atlas des minorités en Europe*, Paris, Autrement, 2005.

Le parti nationaliste écossais

Le Scottish National Party (SNP) est le principal parti nationaliste écossais. Créé en 1934, ses résultats restent au départ très modestes et il ne parvient qu'à gagner ponctuellement des sièges d'élus. Cependant à partir de la fin des années 1960, il devient un acteur essentiel de la vie politique écossaise. Il se pose en principale force d'opposition au Labour dans les années 1980. Le SNP se définit comme un parti de centre gauche, concurrençant les travaillistes dans leurs fiefs. Après sa victoire aux élections écossaises de 2007, le SNP forme un gouvernement minoritaire : pour la première fois de leur histoire, les nationalistes sont au pouvoir en Écosse.

Le SNP souhaite l'indépendance de l'Écosse, tout en restant au sein de l'Union européenne. Selon lui, la dévolution n'est qu'une étape intermédiaire vers la sécession. D'après son programme, il devrait organiser un référendum sur l'indépendance en 2010.

LA MANNE PÉTROLIÈRE

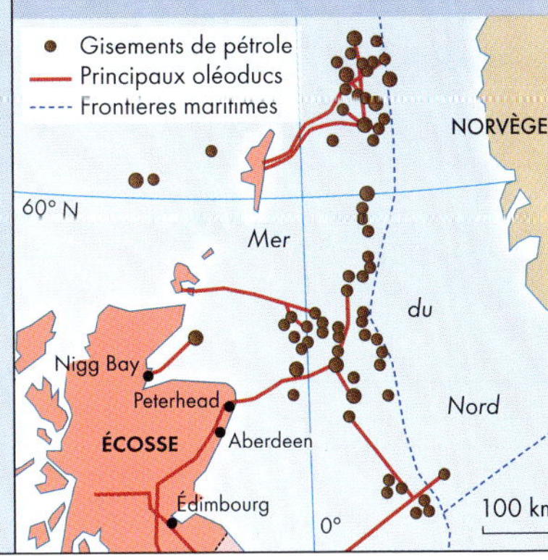

Vers l'indépendance ?

Comment interpréter l'arrivée au pouvoir des nationalistes en 2007, dix ans après la dévolution ?

Comme le montrent tous les sondages, la victoire du SNP ne signifie pas pour autant que les Écossais souhaitent leur indépendance. Une enquête publiée dans le *Sunday Times* en mars 2009 montrait que 53 % des personnes interrogées étaient opposées à l'indépendance écossaise et 33 % favorables.

La victoire des nationalistes traduit sans doute davantage la volonté d'une alternance politique après de nombreuses décennies de domination travailliste. Le vote pour un parti de centre gauche tel que le SNP permet d'ailleurs aux Écossais de ne pas avoir recours au parti conservateur : les années Thatcher, synonymes de restructurations économiques douloureuses, ne sont toujours pas oubliées en Écosse.

Ce résultat confirme également le comportement électoral particulier des Écossais qui votent différemment en fonction des enjeux du scrutin. Si les nationalistes dominent actuellement le Parlement écossais, il n'y a que très peu de députés SNP à Westminster. En effet, lors des élections générales, les Écossais préfèrent « voter utile », c'est-à-dire pour un parti pouvant véritablement influencer la vie politique britannique, et non pas pour un parti nationaliste qui serait très marginalisé à Westminster.

LE PAYS DE GALLES : LA QUESTION LING

Les Gallois ont accepté la dévolution avec un faible enthousiasme. Beaucoup considéraient que les nouvelles institutions seraient impuissantes, dépourvues de vrais pouvoirs et coûteuses. Si leurs compétences ont été élargies en 2006, il est vrai que l'Assemblée et l'exécutif gallois n'ont pas les mêmes pouvoirs que les institutions écossaises. Toutefois, cette autonomie réduite traduit une situation géopolitique différente, où les particularismes identitaires gallois s'expriment plus d'un point de vue culturel, principalement à travers la question linguistique, que d'un point de vue politique et électoral.

La question linguistique

La langue est le principal marqueur identitaire gallois. Le gallois est une langue celte brittonique voisine du breton et du cornique. Il est langue officielle au pays de Galles et y bénéficie d'un statut similaire à l'anglais. Une chaîne hertzienne et plusieurs radios, dont une branche de la BBC, diffusent des programmes entièrement en gallois.

Contrairement au gaélique en Écosse, le gallois est parlé par une part significative de la population du pays de Galles, même si sa pratique a fortement diminué depuis 1891, quand 54 % de la population l'utilisait. Il a d'abord connu un long déclin : en 1991, seulement 19 % des Gallois étaient capables de comprendre la langue. Mais les campagnes de promotion et l'enseignement généralisé du gallois ont favorisé sa progression au cours des années 1990, puisqu'au recensement de 2001, 21 % de la population déclarait comprendre la langue, soit environ 580 000 locuteurs. Ce taux devrait encore augmenter, puisque le gallois est pratiqué par 39 % des enfants de 10 à 15 ans.

L'évolution 1991-2001 montre que la géographie de la langue évolue. Si le gallois est surtout parlé dans les territoires ruraux du nord et le l'ouest du pays de Galles, le nombre de locuteurs diminue dans ces régions. Au contraire, il y a de plus en plus de personnes qui parlent le gallois dans la région urbaine de Cardiff et des vallées industrielles, territoires traditionnellement peu galloisants.

LA REPRÉSENTATION GALLOISE À WESTMINSTER (2005)

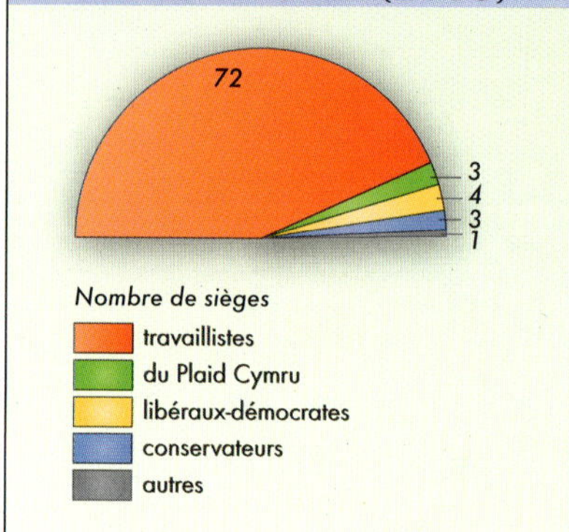

L'ASSEMBLÉE NATIONALE GALLOISE (2007)

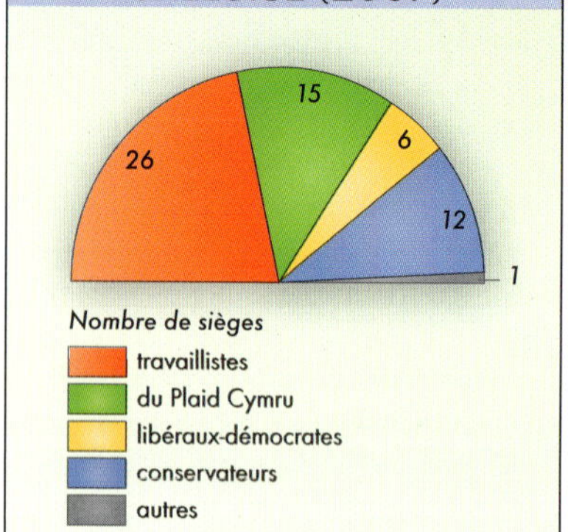

Dix ans après la dévolution

Si l'identité galloise est culturellement très forte, elle ne s'exprime pas forcément politiquement. En effet, si le Plaid Cymru est un acteur prédominant de la vie politique galloise, il n'a jamais pu contester la suprématie du parti travailliste.

Le Labour bénéficie du mode de scrutin majoritaire à un tour et d'un « vote utile » des Gallois pour les élections générales. Sa domination est considérablement atténuée lors des élections galloises, où les autres partis bénéficient d'un système de scrutin avec une part de proportionnelle corrective et d'un comportement différent des électeurs. Cependant, même s'ils doivent cohabiter avec les nationalistes – situation impensable en Écosse –, les travaillistes conservent le pouvoir dans un territoire encore profondément marqué par son héritage ouvrier.

Les velléités séparatistes sont moins marquées au pays de Galles qu'en Écosse. Un sondage publié en 2007 par la BBC montrait que 19 % des Gallois étaient en faveur de l'indépendance contre 69 % pour le maintien de l'union. L'influence du nationalisme est surtout importante dans les territoires ruraux du nord et de l'ouest du pays de Galles, là où le Plaid Cymru réalise ses meilleurs résultats et là où le gallois est le plus pratiqué. En effet, les relations entre le Sud gallois, cœur économique de la nation, et l'Angleterre sont historiquement très étroites, ce qui explique des sentiments nationalistes moins virulents.

UISTIQUE ET LA DÉVOLUTION

TERRITOIRES ET EXPRESSION IDENTITAIRE GALLOISE

La pratique du gallois

Part des locuteurs gallois par autorité locale en 2001, en % de la population

- De 25 à 69
- De 14 à 25
- De 11 à 14
- De 9 à 11

Évolution de la part des locuteurs gallois de 1991 à 2001, en points

- De + 5 à + 8,7
- De 0 à + 5
- Évolution négative

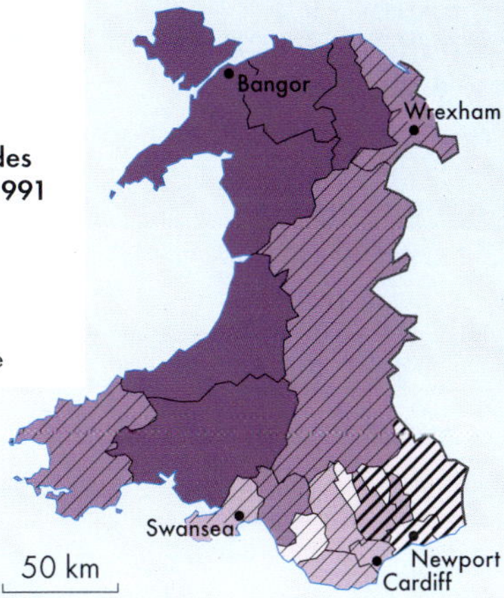

Source : Office for National Statistics, 1991 et 2001.

Les résultats du Plaid Cymru aux élections galloises de 2007

En % des votes, par circonscription parlementaire

- Plus de 30
- De 20 à 30
- De 10 à 20
- De 0 à 10
- Circonscriptions remportées par le Plaid Cymru

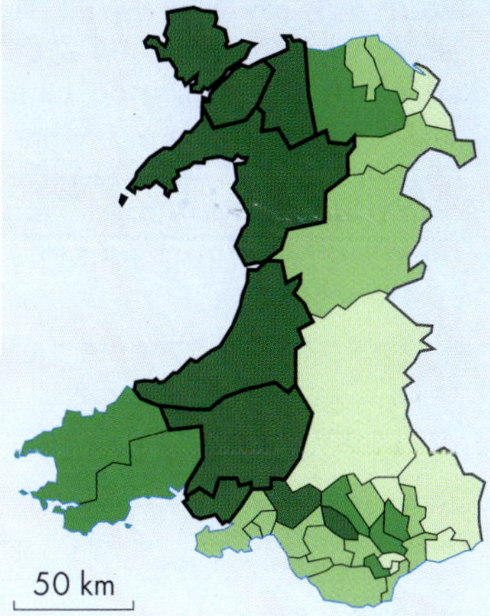

Source : House of Commons Library.

Les résultats du Labour aux élections galloises de 2007

En % des votes, par circonscription parlementaire

- Plus de 40
- De 30 à 40
- De 20 à 30
- De 0 à 20
- Circonscriptions remportées par le Labour
- Bassins houillers : territoires marqués par une culture ouvrière

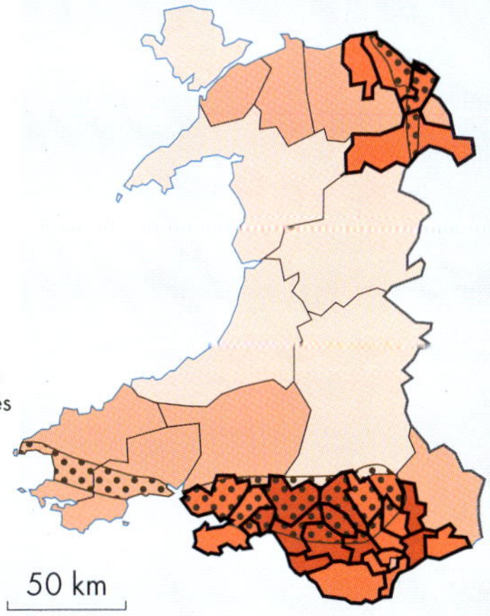

Source : House of Commons Library.

Le référendum de 1997 sur la dévolution

Majorité en % des votes

OUI NON

- De 62,5 à 67,9
- De 58,4 à 62,5
- De 55 à 58,4
- De 50,2 à 55

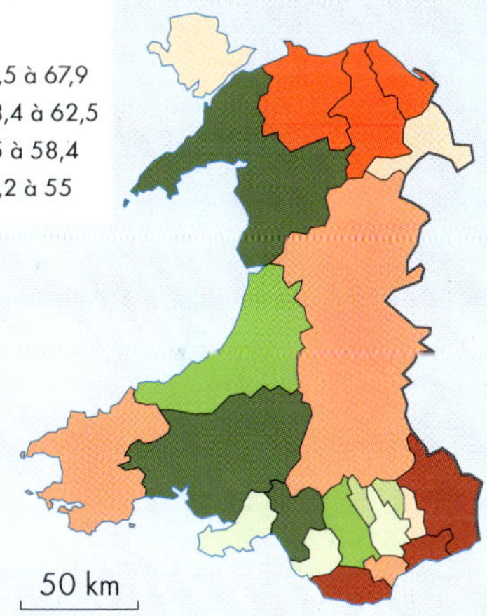

Source : House of Commons Library.

> « *Chaque personne vivant au pays de Galles est un citoyen du pays de Galles, quelle que soit son origine, l'endroit où il est né, sa couleur de peau ou la langue qu'il parle.* »
>
> MANIFESTE DU PLAID CYMRU, 2007.

Le nationalisme gallois

Le parti nationaliste gallois, le Plaid Cymru, a été fondé en 1925. Il devient un parti influent de la vie politique galloise à partir de la fin des années 1960. Les nationalismes politiques au pays de Galles et en Écosse sont des mouvements qui se développent simultanément. Toutefois, le Plaid Cymru ne réalise pas les scores du SNP. Il reste loin des travaillistes, la première force politique du pays de Galles. Aux élections galloises de 2007, il remporte 15 sièges sur 60, formant le deuxième groupe politique à l'Assemblée de Cardiff après le Labour. Les deux partis forment depuis une coalition pour diriger les institutions galloises.

Le Plaid Cymru se définit comme un parti de centre gauche. Si au départ, il revendiquait l'autonomie du pays de Galles, il défend un discours de plus en plus résolument séparatiste. Il propose l'indépendance du pays de Galles au sein de l'Union européenne.

LA QUESTION NORD-IRLANDAISE

Les « troubles » en Irlande du Nord ont fait plus de 3 500 morts, dont certains hors de l'Irlande. Ils sont officiellement terminés depuis la signature des accords du vendredi saint en 1998 qui devaient sceller la réconciliation entre les protestants et les catholiques. Pourtant, dix ans après, les tensions persistent entre les deux communautés. Certes il n'y a plus d'attentats ni d'affrontements, malgré quelques dérapages d'éléments incontrôlés, et les victimes sont beaucoup moins nombreuses. L'IRA a même déposé les armes en 2005, abandonnant la lutte armée. Mais les deux communautés ne vivent toujours pas ensemble et une certaine tension reste latente.

TERRITOIRES ET COMMUNAUTÉS EN IRLANDE DU NORD

Les protestants

Part des protestants en % de la population au recensement de 2001

- De 71 à 85
- De 51 à 71
- De 38 à 51
- De 18 à 38

Autorité locale où les protestants sont majoritaires

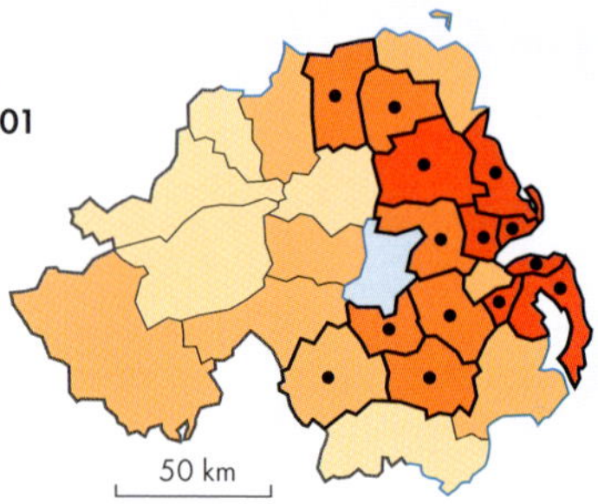

Irlande du Nord : 53,1 %

Les catholiques

Part des catholiques en % de la population au recensement de 2001

- De 61 à 81
- De 46 à 61
- De 26 à 46
- De 9 à 26

Autorité locale où les catholiques sont majoritaires

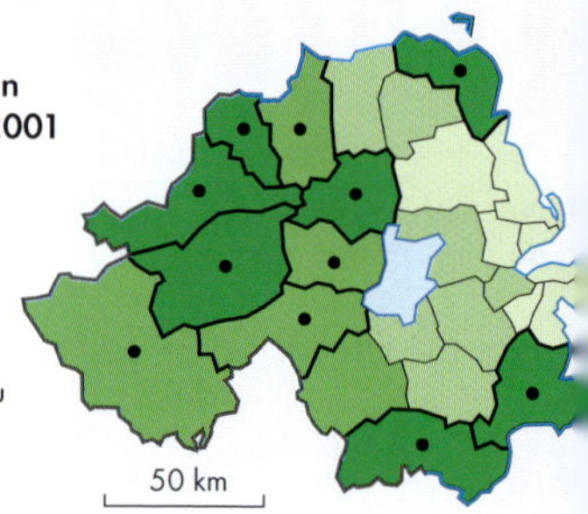

Irlande du Nord : 43,8 %

Évolution de la part des catholiques, en points, entre 1971 et 2001

- De + 10 à + 14
- De + 5 à + 10
- De 0 à + 5
- De - 5 à 0
- De - 10 à - 5

Irlande du Nord : + 2,5 points

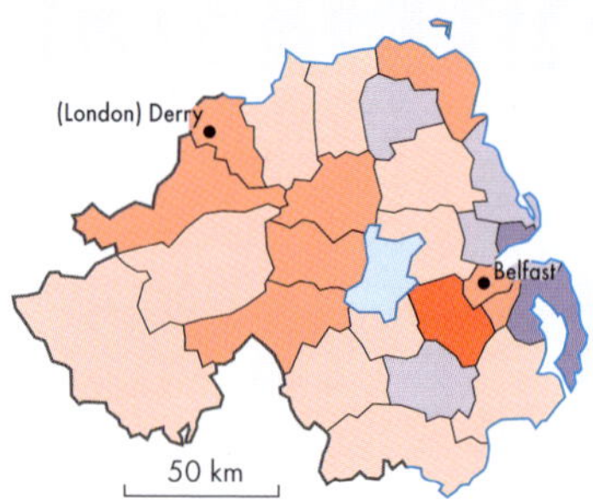

Source : NISRA, 1971 et 2001.

Les extrémistes dominent la vie politique

D'après les accords du vendredi saint, l'Irlande du Nord doit être dirigée par un gouvernement biconfessionnel. Mais dans la pratique, il est parfois difficile de faire collaborer deux communautés et classes politiques qui se sont affrontées pendant plusieurs décennies. La vie politique nord-irlandaise est ainsi marquée par la persistance de tensions politiques après l'arrêt des violences. La mise en place des accords de paix s'est d'ailleurs montrée particulièrement difficile, puisque le gouvernement britannique a dû suspendre les institutions autonomes en 2002. La signature des accords de Saint Andrews a permis la tenue d'élections en 2007 et la remise en place des institutions.

Toutefois, ce sont les partis extrémistes (DUP pour les protestants, Sinn Féin pour les catholiques) qui ont triomphé, dépassant très largement les forces modérées (UUP pour les protestants, SDLP pour les catholiques) qui avaient œuvré pour le processus de paix. Malgré des débuts très difficiles, l'Assemblée et l'exécutif fonctionnent bien depuis ces élections. Une collaboration fructueuse et un certain consensus semblent s'être installés entre les deux factions qui avaient affirmé jusque-là qu'elles ne travailleraient jamais ensemble. Le Premier ministre de la province est le leader du DUP (Ian Paisley jusqu'en juin 2008, puis Peter Robinson) et il est secondé par un élu du Sinn Féin, Martin McGuinness.

> « ***Je trouve que faire la paix est plus difficile que faire la guerre.*** »
> **GERRY ADAMS, PRÉSIDENT DU SINN FÉIN, 1994.**

LES VICTIMES DU CONFLIT NORD-IRLANDAIS

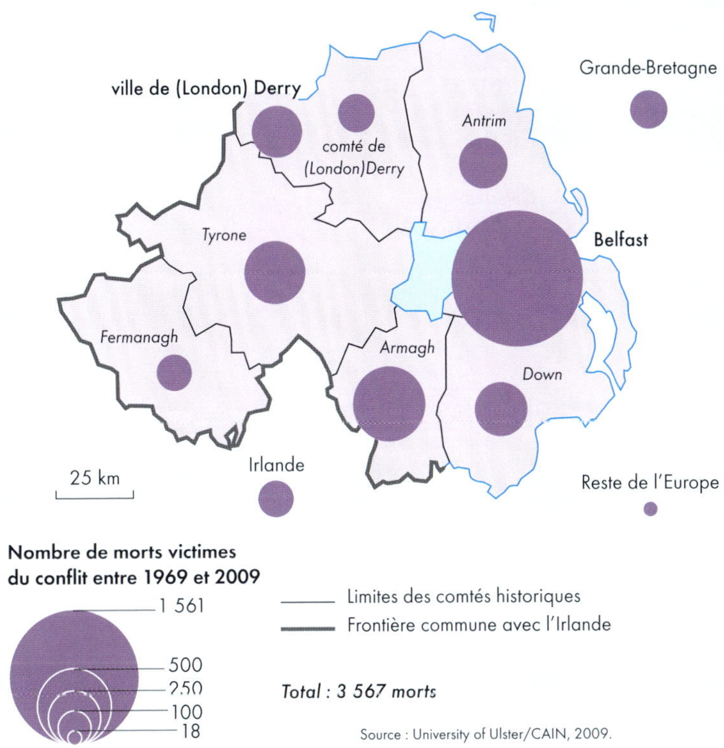

Source : University of Ulster/CAIN, 2009.

La « guerre des berceaux » : un enjeu géopolitique

43,8 % des Nord-Irlandais se rattachaient à la communauté catholique lors du recensement de 2001, et 55,1 % à la communauté protestante. La part des catholiques a beaucoup progressé depuis le début des années 1970 (ils représentaient alors 36,8 % de la population), à la faveur d'une fécondité plus forte, jusqu'à 50 % supérieure à celle des protestants.

On estimait alors que cette « guerre des berceaux » permettrait à terme aux catholiques d'être majoritaires en Irlande du Nord et donc susceptibles de demander le rattachement de la province à la république d'Irlande.

Mais dans les années 1990, la fécondité a baissé fortement chez les catholiques et modérément chez les protestants. Ainsi, si elle reste plus jeune, la population catholique augmente moins vite, et certaines projections montrent que l'équilibre démographique entre les deux communautés pourrait n'avoir jamais lieu.

LA CHRONOLOGIE DES TROUBLES 1969-2009

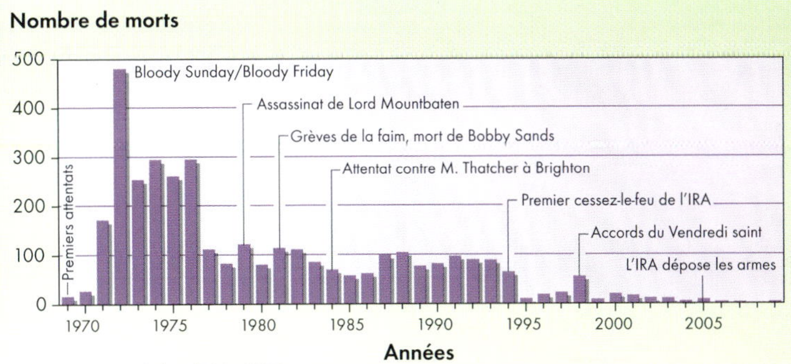

Source : University of Ulster/CAIN, 2009.

L'ASSEMBLÉE NORD-IRLANDAISE

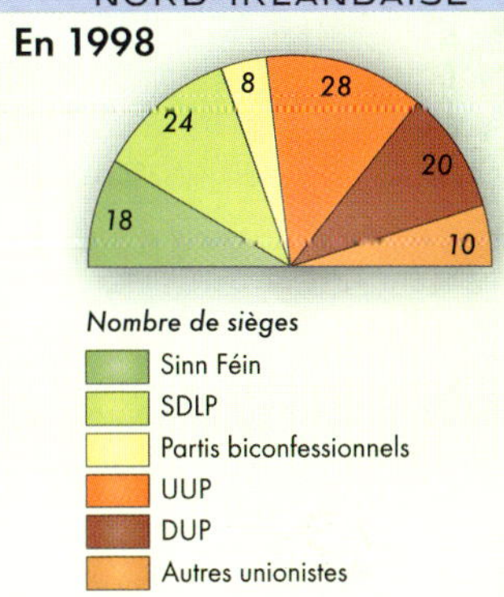

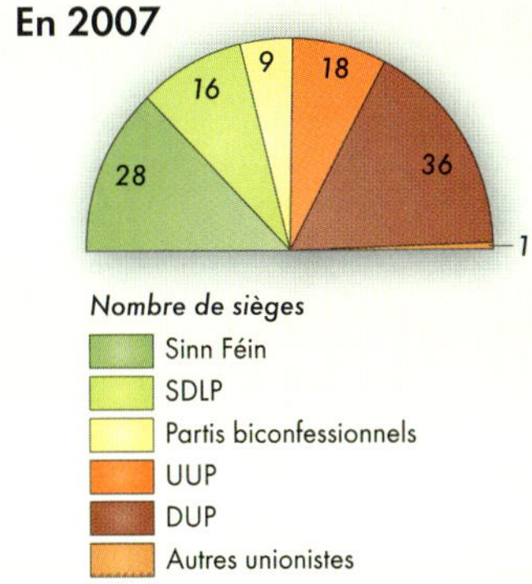

L'adieu aux armes des paramilitaires ?

Alors que la très grande majorité de la population nord-irlandaise se déclare hostile à toute violence, l'Armée républicaine irlandaise (IRA) a déposé les armes en 2005. L'Ulster Volunteer Force et l'Ulster Defence Association, les principaux groupes paramilitaires loyalistes, ont renoncé à la violence en 2007.

Pourtant toutes les armes n'ont pas été rendues aux autorités ou détruites. Certains extrémistes n'ont pas renoncé à la lutte armée : c'est le cas de l'IRA-Continuité ou de l'IRA-Véritable, groupe dissident créé en 1997 pour s'opposer au processus de paix, qui commet sporadiquement des attentats.

Mais la plupart des victimes depuis 1998 sont tuées lors de règlements de compte dans des groupes devenus des organisations criminelles mafieuses qui se livrent au trafic de drogue ou à la contrebande dans des territoires qu'elles se partagent, à des enlèvements voire à une justice parallèle.

Belfast : une ville sous tension

En Irlande du Nord, la religion et les opinions politiques sont souvent utilisées comme synonymes, pour distinguer les catholiques/républicains/nationalistes et les protestants/unionistes/loyalistes. Alors que les églises se vident, l'identité communautaire, très forte chez les jeunes, ne se définit plus uniquement par la religion. Ainsi, la question nord-irlandaise, au départ éminemment religieuse, se caractérise de plus en plus par une problématique ethnique. La ségrégation n'a jamais été aussi forte à Belfast, où des barrières à la fois physiques et identitaires isolent de plus en plus deux communautés plus étrangères que jamais.

Le renforcement des ségrégations

Plus de dix ans après la signature des accords du vendredi saint, catholiques et protestants ne vivent toujours pas ensemble. Les écoles mixtes attirent seulement 5 % des enfants. La ségrégation se poursuit également au travail puisque beaucoup d'entreprises ne fonctionnent qu'au sein d'une seule communauté. D'après un sondage de 2002, 68 % des 18-25 ans n'ont jamais adressé la parole au camp d'en face. L'habitat reproduit ces phénomènes, puisqu'on retrouve des quartiers communautaires dans toutes les villes nord-irlandaises. 92,5 % des logements sociaux sont ségrégés dans la province. Ce taux monte à 98 % dans Belfast. Dans la ville, cette ségrégation est matérialisée par des murs, des grillages et des no man's land qui isolent les différents quartiers. Ces *peace lines* ne sont pas toujours des structures totalement closes ; des portails permettent aux piétons, voire aux véhicules, de passer. Elles constituent des lignes discontinues longues de quelques centaines de mètres. Toutefois, ces barrières divisent les habitants de Belfast : du fait d'intimidations très fréquentes, on ne s'aventure pas dans le camp d'en face, quitte à faire de longs détours. La méconnaissance, la méfiance ou la crainte de « l'autre » expliquent cette ghettoïsation, que certains qualifient d'« apartheid volontaire ». Ces frontières urbaines sont même parfois le théâtre d'échauffourées intercommunautaires.

Malgré les efforts des pouvoirs publics ou d'ONG et malgré une législation antidiscrimination sévère, les phénomènes de ségrégation semblent se renforcer depuis les accords de paix. Ainsi à Belfast, le nombre de murs a considérablement augmenté en dix ans, passant de 17 en 1998 à 41 en 2008, selon le ministère de l'Intérieur. L'État dépense 1,5 milliard de livres chaque année pour assurer la séparation physique des deux communautés.

Peace line et ségrégation dans Belfast-Ouest

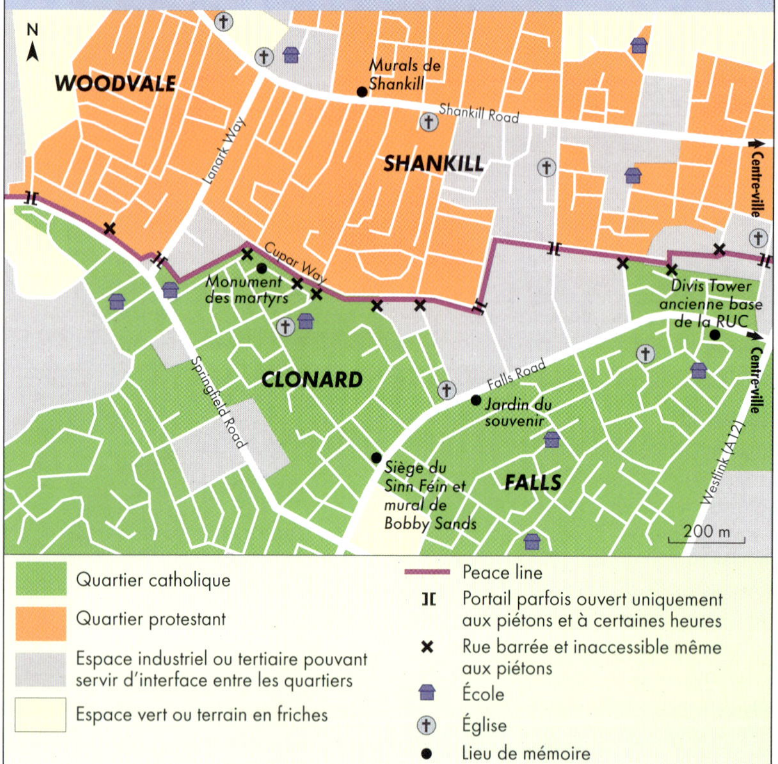

Sources : d'après M. Bailoni, 2007 ; GoogleEarth, 2009 et Multimap, 2009.

Les communautés de Belfast

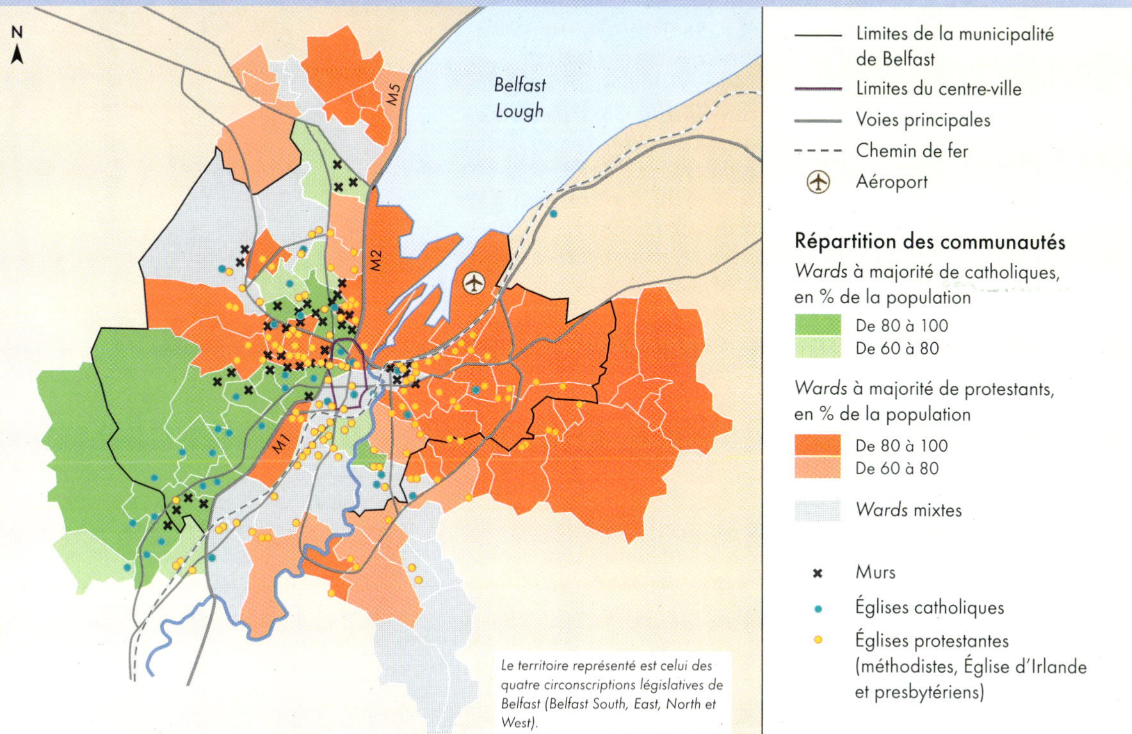

Sources : NISRA (Census 2001), Belfast Interface Project (ONG) et 2000 Ordnance Survey of Northern Ireland Map of Belfast.

> ***Ils ne font pas leurs courses dans les mêmes boutiques, ne nagent pas dans les mêmes piscines, voire n'attendent pas le bus aux mêmes arrêts. La paix a amené davantage de ségrégation en Irlande du Nord.***
> **John O'Farrell, *New Statesman*, 28 novembre 2005.**

Les minorités ethniques : les nouvelles victimes du conflit ?

Alors que les Blancs représentent 98,6 % de sa population, Belfast est devenu l'une des villes britanniques où l'on dénombre le plus d'agressions racistes. Le phénomène paraît avoir particulièrement progressé depuis dix ans. Ces violences semblent surtout être le fait de protestants démunis et désœuvrés, qui ne trouvent plus d'exutoire dans les activités paramilitaires des milices loyalistes.

Si la situation socio-économique de l'Irlande du Nord s'est considérablement améliorée depuis les accords de paix, les progrès ont surtout profité aux catholiques, du fait notamment des échanges commerciaux renforcés avec la république d'Irlande ou des aides renforcées de l'État britannique et de l'Union européenne. La situation des classes populaires protestantes ne s'est pas améliorée, particulièrement dans les grandes villes. À Belfast, on recense 83 000 personnes « dépourvues de revenus », dont la grande majorité est protestante. L'enfermement dans des quartiers péricentraux monoconfessionnels, que les classes moyennes ont tendance à quitter, renforce les ressentiments. Les minorités ethniques apparaissent comme les boucs émissaires d'une partie de la population nord-irlandaise tenue à l'écart de la croissance économique. Ces minorités ont donc tendance à se regrouper pour se protéger des agressions. Ainsi, une troisième zone de ségrégation apparaît à Belfast-Sud, où vivent la plupart de ces minorités ethniques. C'est d'ailleurs dans ce secteur qu'Anna Lo a été élue à l'Assemblée nord-irlandaise en 2007 sous la bannière de l'Alliance, principal parti non confessionnel. Née à Hongkong, elle est la première Britannique d'origine chinoise à être élue à un siège parlementaire au Royaume-Uni.

Les personnes d'origine chinoise constituent la première minorité ethnique de la province. Le mandarin est d'ailleurs devenu la seconde langue maternelle d'Irlande du Nord, derrière l'anglais, mais devant le gaélique.

« L'EMPIRE OÙ LE SOLEIL NE SE COUCHE

À son apogée, l'empire britannique est de loin le plus important au monde. Il rassemblait, en 1922, un quart de la population mondiale, soit environ 458 millions d'habitants, et s'étendait sur un quart des terres émergées, soit 36,6 millions de kilomètres carrés. Initialement fondées sur le textile, les activités commerciales de la métropole se diversifient avec l'augmentation de la population qui implique l'importation de produits alimentaires. Tout au long du XIXe siècle, l'économie se « mondialise » et le Royaume-Uni est l'un des principaux bénéficiaires de la colonisation qui lui ouvre à la fois la domination des mers et celle des échanges commerciaux.

> « *Je crois en l'avenir de cet empire, large comme le monde, dont un Anglais ne peut parler sans un frisson d'enthousiasme […].* »
> **Discours de Joseph Chamberlain, ministre des Colonies, 1895.**

La constitution de l'empire britannique

À la fin du XVIIIe siècle, avant toutes les autres nations, la Grande-Bretagne amorce la première révolution industrielle. Des entrepreneurs privés, aidés par un État stable et soutenus par des crédits publics, la dotent d'une supériorité technique. Mais l'industrie britannique a besoin à la fois de matières premières et de débouchés, ce que lui permet la colonisation.

Les Britanniques se constituent ainsi un espace économique protégé, qui devient le fer de lance du libre-échange à une échelle planétaire. Dans le même temps, ils se donnent une mission civilisatrice à travers la construction de leur empire, à l'instar d'autres nations européennes. Ainsi tout au long du XIXe siècle, la puissance britannique conquiert des territoires outre-mer et ce grâce à sa maîtrise incontestée des mers. Le Royaume-Uni a maintenu sa supériorité navale grâce à la règle du « *Two Powers Standard* » : la Royal Navy devait être deux fois supérieure à la somme de ses deux premières flottes concurrentes. La conquête de territoires sur les côtes africaines lui permet de contrôler la route des Indes ; celle du détroit de Malacca lui ouvre la route vers la Chine. Pour éviter de contourner l'Afrique, elle s'empare en Méditerranée du détroit de Gibraltar et puis de Suez. Elle conquiert également d'autres points stratégiques (Malouines, Malte, etc.), relais indispensables pour contrôler les mers.

L'EMPIRE BRITANNIQUE EN 1900

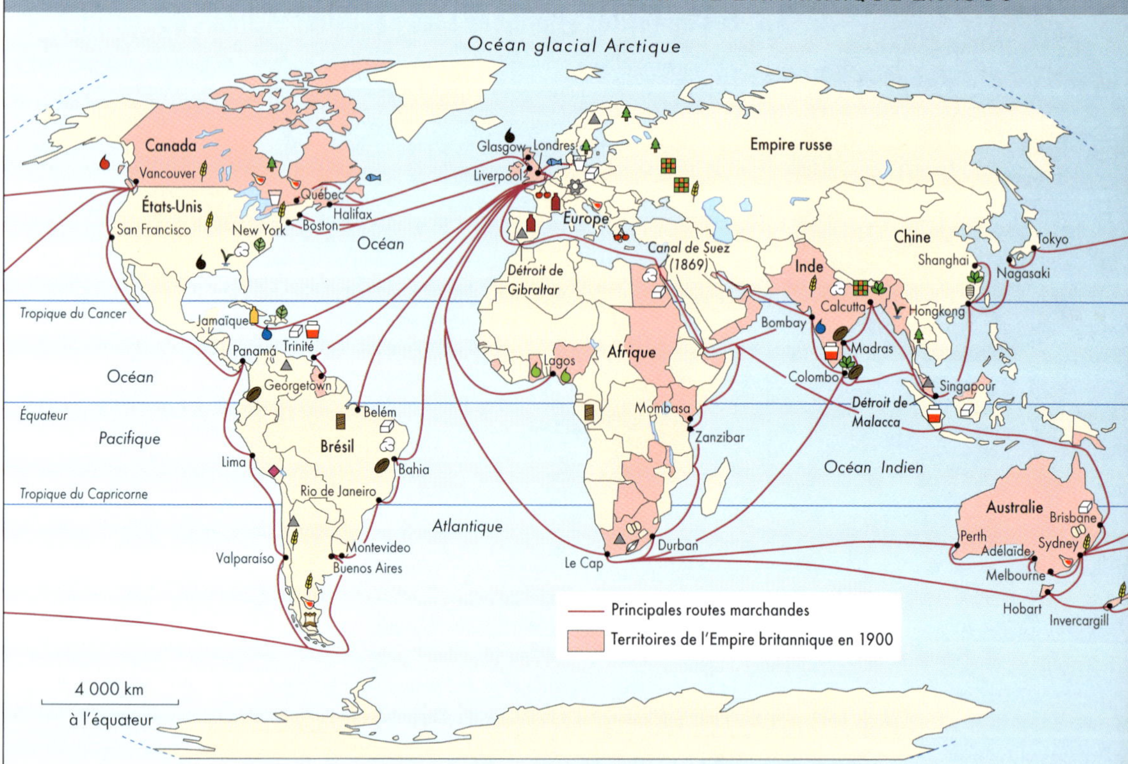

Source : *The Penguin Atlas of British and Irish History*, Londres, Penguin, 2001.

PAS »

L'ÉMIGRATION BRITANNIQUE AU XIXE SIÈCLE

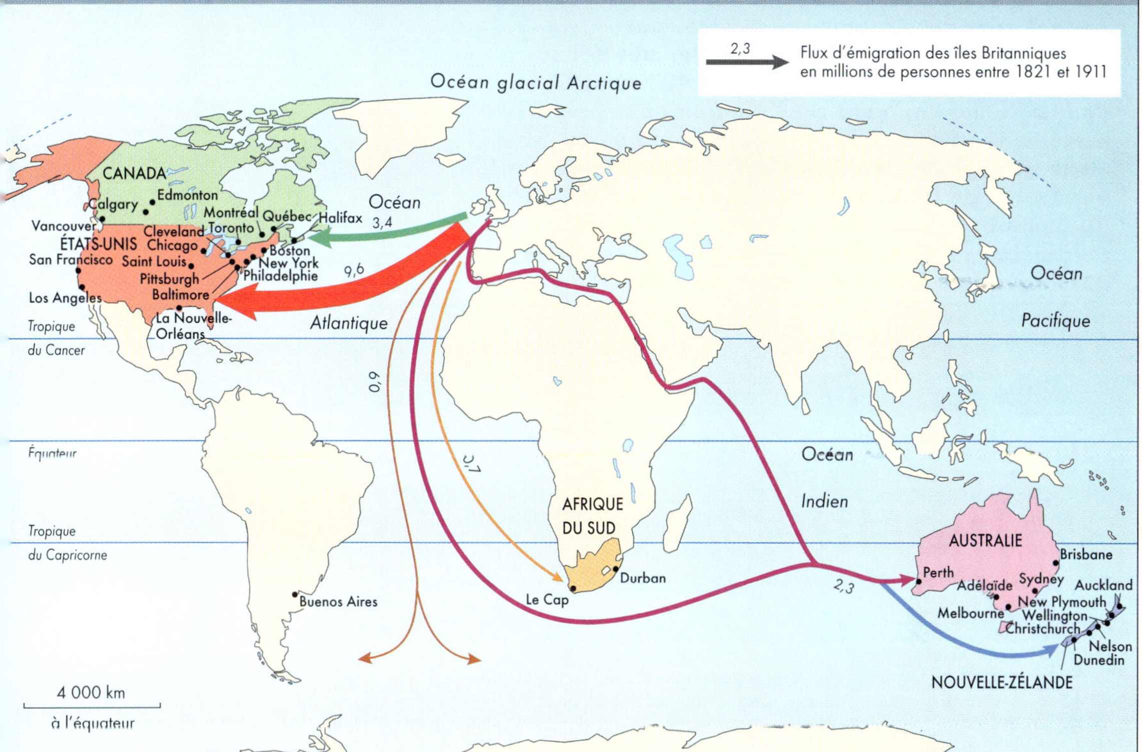

Source : *The Penguin Atlas of British and Irish History*, Londres, Penguin, 2001.

Produits d'importation

- Viande
- Poisson
- Produits laitiers
- Céréales
- Riz
- Fruits
- Sucre
- Thé
- Café
- Vin
- Rhum
- Épices
- Pétrole
- Minerais
- Nitrates
- Bois d'œuvre
- Caoutchouc
- Huile de palme
- Huile de baleine
- Plumes
- Peaux
- Produits manufacturés
- Textiles : lin, jute, chanvre
- Laine
- Coton
- Soie
- Teinture
- Tabac

Le fonctionnement de l'empire britannique

La plupart des colonies britanniques ont d'abord été, et ce jusqu'au milieu du XIXe siècle, des domaines « privés », contrairement aux colonies françaises établies pour le compte de l'État. Ces «colonies à charte» sont des domaines concédés par la Couronne à des compagnies privées qui y ont le monopole des activités commerciales, comme la Compagnie des Indes jusqu'en 1858. Contrairement à l'État français dans ses colonies, ces compagnies privées n'ont pas de mission sociale. Pour administrer cet immense empire, les Britanniques s'appuient essentiellement sur les autorités locales. Il se révèle en effet plus économique de laisser en place des institutions existantes et d'y ajouter des « conseillers britanniques » que de les remplacer par une administration coloniale. Ainsi, si les Français mènent une politique d'assimilation, les Britanniques pratiquent plutôt une politique d'association.

La nouvelle donne démographique du XIXe siècle

Entre 1821 et 1911, la population de l'Angleterre, du pays de Galles, de l'Écosse et de l'Irlande passe de 20,0 millions à 45,2 millions. Dans le même temps, près de 17 millions de personnes quittent les îles Britanniques pour les États-Unis, le Canada, l'Australie ou la Nouvelle-Zélande. Deux catégories tentent la traversée. D'une part, beaucoup d'Irlandais cherchent à échapper à la misère et surtout à la famine liée à la maladie de la pomme de terre qui frappe sévèrement leur île dans les années 1840. Deux millions d'Irlandais seraient partis à cette époque, lançant une vague d'émigration qui a continué jusqu'à la partition. D'autre part, de jeunes bourgeois urbains anglais tentent l'aventure et partent pour conquérir de nouveaux marchés. Le défrichement de terres arables, la découverte de mines d'or, d'argent, de fer et de charbon offrent de nouvelles opportunités.

UNE DÉCOLONISATION MAÎTRISÉE ?

Après la Seconde Guerre mondiale, l'émancipation des colonies est devenue inévitable, pour répondre aux aspirations de tous les peuples colonisés dans le monde. Mais contrairement à la France, le Royaume-Uni est sorti de la colonisation sans conflit impliquant ses forces armées. Les Britanniques ont su, dans une certaine mesure, faire preuve de pragmatisme en acceptant une forme de séparation progressive par la création du Commonwealth. Pour autant, la colonisation et la décolonisation britanniques ont aussi laissé des séquelles : plusieurs des anciennes dépendances sont aujourd'hui le théâtre d'affrontements et de crises géopolitiques majeurs.

CHRONOLOGIE DES INDÉPENDANCES

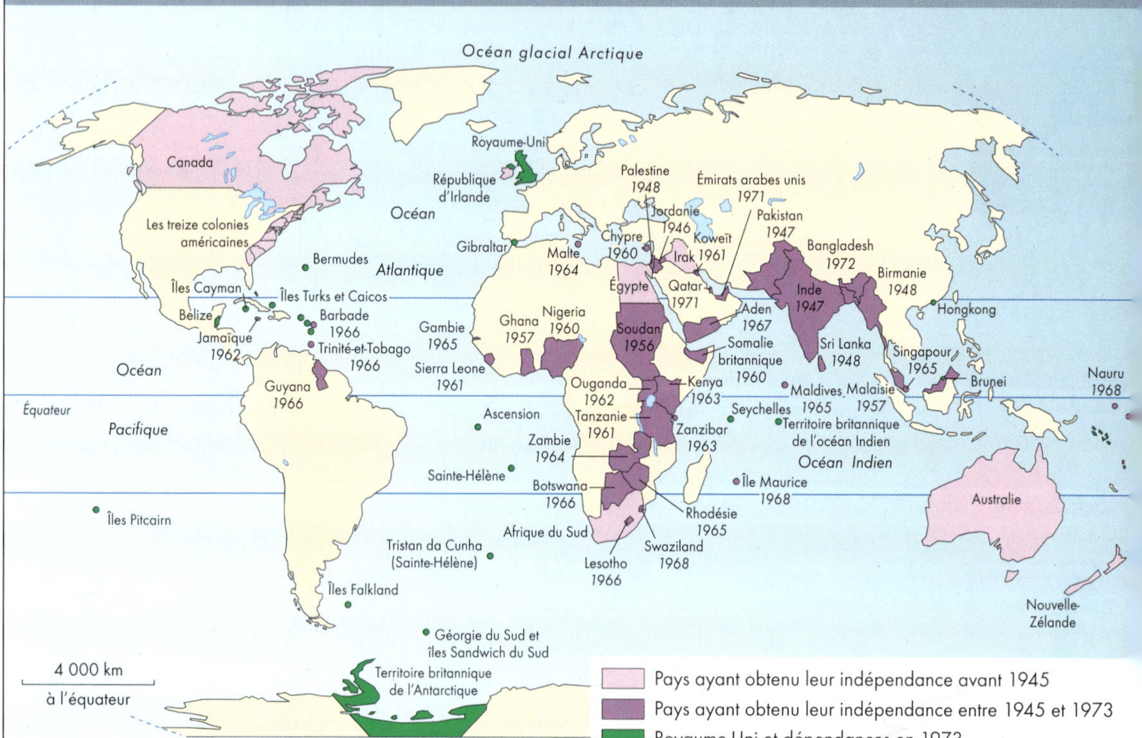

Source : *The Penguin Atlas of British and Irish History*, Londres, Penguin, 2001.

Une indépendance sans heurts, mais pas sans conséquences

Contrairement à la France, le Royaume-Uni n'a pas vécu la décolonisation comme un « abandon ». Fort de son expérience passée avec l'indépendance des colonies à peuplement européen (Amérique, Océanie), puis avec celle de l'Égypte et de l'Irak, il gère l'émancipation de ses colonies avec un certain pragmatisme.

Après-guerre, la décolonisation débute en Asie avec l'indépendance accordée à l'empire des Indes entre 1947 et 1948. Elle se poursuit en Afrique où l'émancipation se fait progressivement : les Anglais accordent d'abord l'autonomie de la tutelle britannique puis l'indépendance (dans la grande majorité accordée entre 1960 et 1965).

Pour autant, cette décolonisation, moins violente que dans le cas français, laisse derrière elle des guerres fratricides entre des populations longtemps opposées les unes aux autres. On peut citer l'Afrique du Sud, qui se remet doucement de décennies d'apartheid ; le Nigeria, toujours instable, victime de guerres civiles, de coups d'État sur fond d'enjeux pétroliers, d'affrontements ethniques, de tensions religieuses ; Chypre, toujours divisée ; l'Inde et le Pakistan, qui restent déchirés sur la question du Cachemire, sans oublier l'Irak, au cœur des trois guerres du Golfe pour des questions frontalières, pétrolières, ethniques et/ou religieuses ; et, bien évidemment, la Palestine, toujours marquée par le conflit israélo-arabe.

L'Inde, perle de l'empire

L'Angleterre est présente en Inde depuis le XVIIe siècle par le biais de la compagnie commerciale l'East India. Les Indes sont ensuite placées sous l'administration directe de la Couronne, à l'exception des États princiers. À partir des années 1920, Gandhi, avocat formé en Angleterre, et Nehru, à la tête du Parti du congrès, prônent par la non-violence l'indépendance des Indes. En 1945, le gouvernement britannique y est favorable. Mais les Indes sont divisées : le Parti du congrès défend le maintien de l'unité, alors que la Ligue musulmane réclame la création d'un État pour les musulmans. Après des affrontements, les Britanniques mettent en œuvre un plan de partage en 1947 séparant l'Inde du Pakistan, lui-même formé de deux territoires distants de 1 700 km. Des transferts de population accompagnent cette partition, provoquant de nouveaux affrontements et des massacres. Gandhi est lui-même assassiné par un fanatique hindouiste en janvier 1948.

LES INDES IMPÉRIALES

La Rhodésie, dernière colonie rebelle

Les colons blancs de la Rhodésie du Sud, riche en ressources minières et « grenier à blé de l'Afrique », s'opposent à l'État britannique et déclarent l'indépendance en 1965, instaurant un régime d'apartheid comparable à celui de l'Afrique du Sud. Ils perdent le pouvoir en 1979 et ce n'est qu'en 1980 que le pays est véritablement décolonisé, devenant le Zimbabwe, aujourd'hui dirigé par le très contesté Robert Mugabe.

> « *L'Inde, cette victime type de l'impérialisme moderne, est devenue le nœud de l'Affaire, car c'est sur la libération de l'Inde que l'on jugera l'Angleterre et les Nations unies [...].* »
>
> LA RÉSOLUTION QUIT INDIA (AOÛT 1942).

LE DÉCOUPAGE DE LA RHODÉSIE

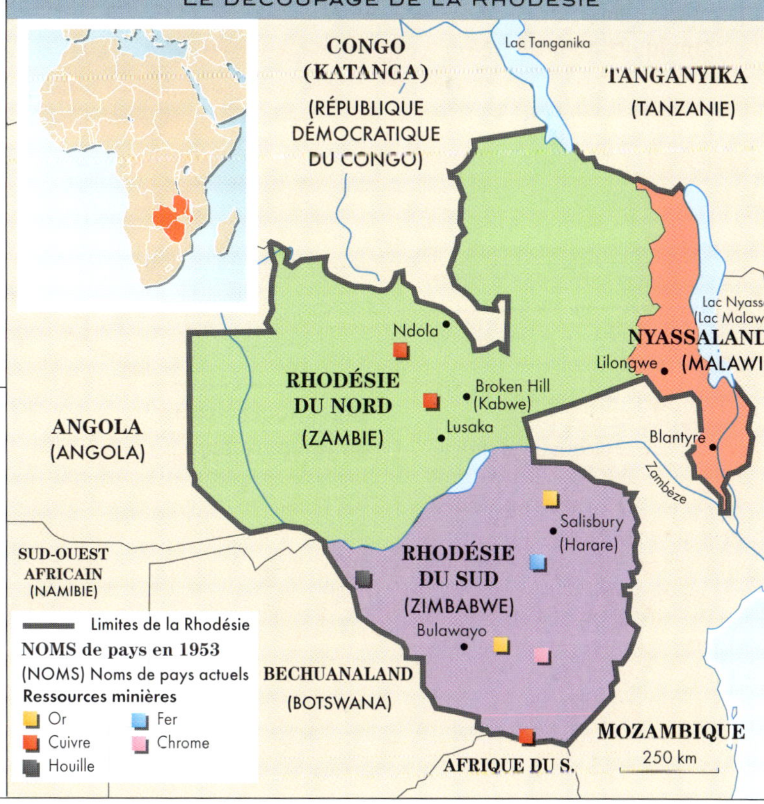

POUSSIÈRES D'EMPIRE : TERRITOIRES SYM

De son prestigieux passé impérial, le Royaume-Uni a conservé quelques microterritoires dispersés aux quatre coins du monde. Certains de ces territoires, comme Gibraltar, Diego Garcia ou les bases militaires de Chypre, permettent au Royaume-Uni de conserver une présence dans des espaces géostratégiques. D'autres territoires, comme les îles Anglo-Normandes, l'île de Man ou les îles Cayman, sont des paradis fiscaux accueillant de nombreux investisseurs et des sociétés internationales, au sein de la sphère économique britannique. La dimension symbolique de ces territoires est également importante pour un pays qui n'a pas encore oublié son prestige impérial.

LES MALOUINES

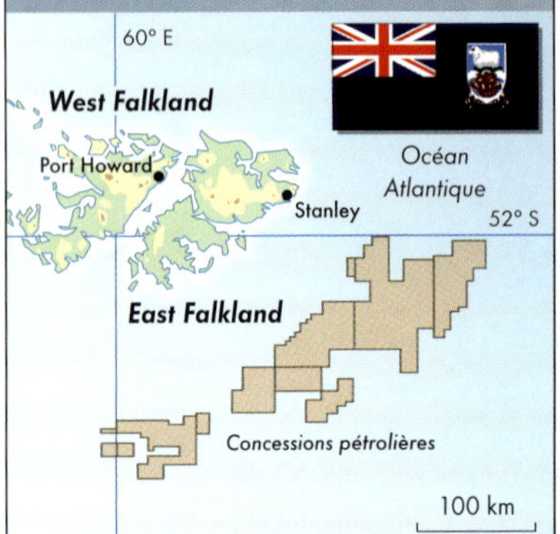

Les Malouines : britanniques pour de bon !

Découvert au XVIe siècle, cet archipel de l'Atlantique Sud appelé Malvinas par les Espagnols et Falkland par les Anglais, est britannique depuis 1833. La revendication argentine sur l'archipel a poussé les deux pays à la guerre en 1982. La victoire du Royaume-Uni a montré le savoir-faire de son armée. Le pays, qui revendique toujours un statut de puissance mondiale, en a tiré un certain prestige.

Si l'intérêt géostratégique des Malouines a décliné avec celui du cap Horn, l'archipel pourrait bien offrir un nouvel attrait plus économique cette fois car ses fonds marins recèleraient du pétrole exploitable. On estime que l'exploitation de ces ressources pourrait apporter des milliards de livres aux 3 000 îliens, qui deviendraient les habitants au PIB le plus élevé de la planète. Ce pétrole serait une aubaine pour les Britanniques, alors que les réserves de la mer du Nord s'épuisent.

LES ÎLES ANGLO-NORMANDES ET MAN

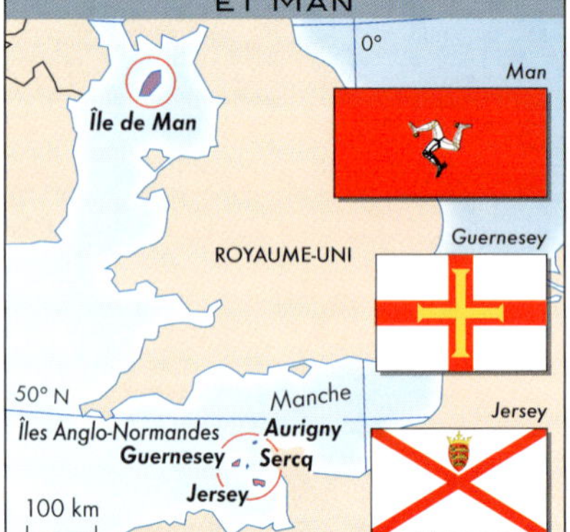

Les paradis fiscaux de la Couronne

Héritages féodaux de la Couronne, Jersey, Guernesey et l'île de Man ne font partie ni du Royaume-Uni, ni de l'Union européenne. Cette indépendance juridique leur permet de bénéficier d'un statut fiscal très avantageux attirant nombre de sociétés étrangères. Avec la crise financière, l'UE et les États-Unis ont inscrit ces îles sur la liste des paradis fiscaux en 2009, les obligeant à faire preuve de plus de transparence.

GIBRALTAR

Gibraltar : la clé de la Méditerranée

Britannique depuis 1713, Gibraltar permet de contrôler un détroit stratégique, la porte d'entrée de la Méditerranée. Le rocher abrite d'ailleurs un centre d'écoute et de renseignement du MI5 et une base militaire de l'Otan. Les activités militaires ont considérablement diminué depuis la fin de la guerre froide, mais la finance a permis de pallier ce manque à gagner. En effet, même s'il fait partie de l'Union européenne depuis 1973, Gibraltar est un paradis fiscal. Escale privilégiée pour les bateaux de croisière et important marché de produits détaxés, Gibraltar bénéficie également des retombées du tourisme.

Gibraltar reste une position stratégique, en première ligne pour lutter contre l'immigration clandestine. Si sa population souhaite rester sous souveraineté britannique, ce territoire demeure une source de tension diplomatique entre le Royaume-Uni et l'Espagne, qui le revendique toujours.

BOLIQUES, Ô COMBIEN STRATÉGIQUES

LES CONFETTIS DE L'EMPIRE

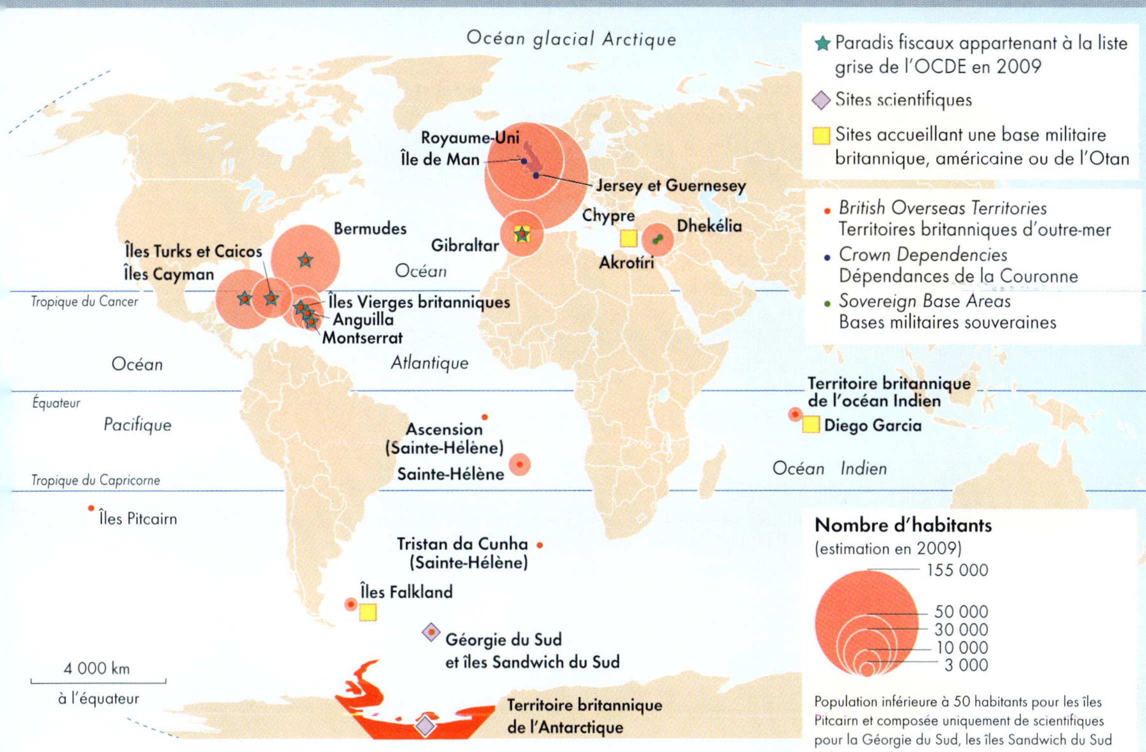

Sources : Home Office, UK Border Agency, *CIA World Factbook*, 2009 ; OCDE, 2009.

> **“**
>
> ***Britain is great again.***
>
> MARGARET THATCHER, 15 JUIN 1982, À L'ISSUE DU CONFLIT DES MALOUINES, DEPUIS LE PERRON DU 10 DOWNING STREET.
>
> **”**

Un atoll stratégique au cœur de l'océan Indien

Britannique depuis 1814, l'île de Diego Garcia (archipel des Chagos) est louée pour cinquante ans aux Américains en 1966, en pleine guerre froide. En 1971, les Britanniques organisent le déplacement forcé de 2 000 Chagossiens. Désormais uniquement peuplée de militaires américains et de fonctionnaires britanniques, l'île devient une base aéronavale. Elle bénéficie en effet d'un site géographique privilégié. Abrité du vent, son lagon profond de 31 mètres peut accueillir une véritable armada de navires militaires. Mais l'atout principal de l'atoll est sa position géostratégique exceptionnelle : au centre de l'océan Indien, Diego Garcia se trouve sur la route maritime des supertankers entre le Moyen-Orient et l'Amérique du Nord. À partir de cette base, les Américains peuvent assurer un déploiement militaire vers le golfe Persique, comme ce fut le cas en 2003.

DIEGO GARCIA

Le Commonwealth

Littéralement « bien-être commun », le Commonwealth est une association de 53 États indépendants regroupés sous la coupe symbolique de la reine d'Angleterre qui a le titre de « chef du Commonwealth ». Si cette association regroupe près du tiers de la population mondiale, son poids politique reste faible dans les grandes décisions internationales. Cet ensemble géopolitique pragmatique a en effet su réduire ses ambitions au fil de l'histoire pour ne pas disparaître, en s'adaptant à une réalité postcoloniale et à la diversité culturelle, religieuse et institutionnelle de ses États membres.

Le Commonwealth, un ensemble géopolitique pragmatique

Au début des années 1930, le Royaume-Uni ne parvient plus à faire face au coût de son empire. Échaudé par l'expérience de la sédition des treize colonies américaines au XVIIIe siècle, l'État britannique propose à ses colonies et ses protectorats devenus indépendants de s'orienter vers une forme d'association postcoloniale très souple : le « British Commonwealth of Nations ».

Cette organisation internationale prend sa forme moderne en 1946, à la suite de l'émergence de mouvements indépendantistes dans les territoires assujettis. L'impulsion est donnée par l'Inde au moment de son indépendance en 1947 : sa décision d'adhérer ouvre la voie aux autres nations. L'empire démantelé, l'adjectif « britannique » est supprimé et l'organisation devient le « Commonwealth of Nations ». En 1950, elle ne compte que dix membres, dont le Canada, l'Australie, la Nouvelle-Zélande et l'Afrique du Sud, qui est exclue de 1961 à 1995 pour sa politique d'apartheid. Ce premier groupe de pays est appelé l'« Ancien Commonwealth » ou le « Commonwealth blanc », par opposition au « Nouveau Commonwealth », constitué des pays issus de la décolonisation de l'Afrique et de l'Asie. Avec ces nouveaux États, le Commonwealth compte trente membres en 1970. En 1968, le Royaume-Uni légifère sur l'immigration en limitant l'entrée de populations en provenance des pays du « Nouveau Commonwealth ». Cette décision est contestée par les États membres qui y perçoivent une forme de discrimination.

En 2009, le Commonwealth regroupe 53 États de cultures et de religions différentes, qui partagent un certain nombre de valeurs communes (démocratie, respect des droits de l'homme, développement et bonne gouvernance) que l'organisation cherche à promouvoir. Son poids politique reste cependant limité et le Commonwealth se garde bien de prendre position dans des conflits qui opposent ses membres comme, par exemple, entre l'Inde et le Pakistan.

Cette neutralité lui a sans doute permis de continuer d'exister et d'étendre sa zone d'influence : hormis les cas particuliers de l'Irlande et de l'Afrique du Sud, seuls le Myanmar et le Soudan ont refusé par le passé le statut de membre au Commonwealth et seules les Fidji ont aujourd'hui quitté l'association. Quelques États ont été temporairement suspendus comme le Nigeria en 1995 ou le Pakistan en 2007, sanctionné pour la politique très brutale du président Mucharraf. Le Zimbabwe de Robert Mugabe, suspendu en 2002, a annoncé son retrait du Commonwealth en 2003. En 2007, le président du Rwanda, Paul Kagame, a décidé d'adopter l'anglais comme langue officielle alors que son pays se trouve dans la sphère d'influence francophone. Le Rwanda a même demandé son intégration au Commonwealth, entendant sanctionner ainsi la France, accusée pour son rôle lors du génocide de 1994. Le Commonwealth, placé dans une situation délicate vis-à-vis de la France, a réservé sa réponse.

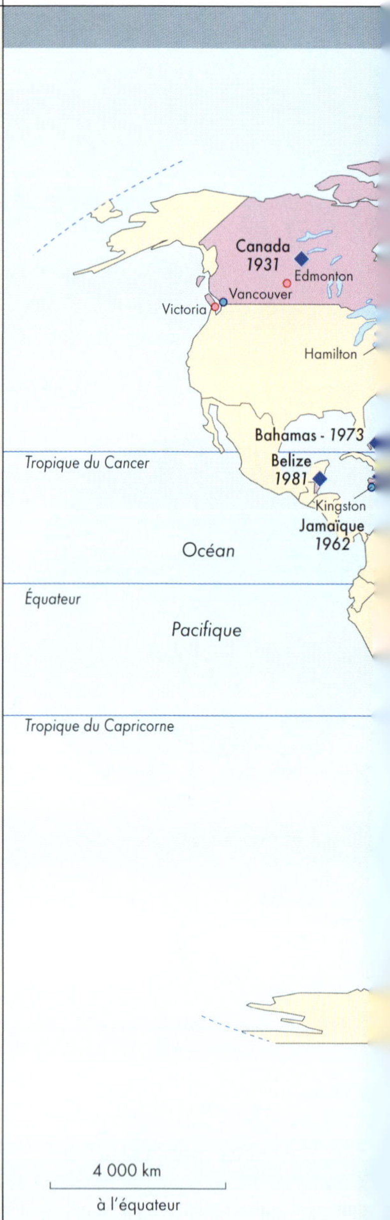

> ***Il est assez facile de définir ce que le Commonwealth n'est pas. C'est d'aileurs un véritable passe-temps populaire..***
> **ÉLISABETH II.**

Sommet et Jeux du Commonwealth

Le sommet du Commonwealth réunit les chefs de gouvernements tous les deux ans. Avant 1971, la rencontre de ce « club de gentlemen » se tenait à Londres. Depuis, chaque pays membre l'accueille à tour de rôle. Les Jeux du Commonwealth, suivis par un tiers de la planète, se déroulent tous les quatre ans : les épreuves ressemblent à celles des JO d'été avec quelques sports spécifiques (bowls, netball ou rugby à 7).

LES ÉTATS DU COMMONWEALTH

UN ÉTAT MULTICULTUREL ?

Le caractère multinational du Royaume-Uni et la persistance des particularismes nationaux ont ouvert la voie au multiculturalisme, concrétisé par l'arrivée massive de migrants en provenance des anciennes colonies devenues indépendantes. La mise en place dans les années 1960-1970 de lois antidiscrimination fait passer le modèle britannique d'un schéma assimilationniste à un schéma multiculturaliste fondé sur la tolérance. Au regard des émeutes raciales, cette tolérance semble trouver ses limites ; les communautés ne se croisent pas, mais vivent les unes à côté des autres tel un Rubik's Cube, une couleur sur chaque face et toutes les faces se tournent le dos.

Qu'est-ce que le multiculturalisme ?

La « tolérance » ou « respect de la différence » sont aujourd'hui les valeurs qui organisent les rapports entre citoyens britanniques. Ce tournant multiculturaliste a parfois été douloureux, comme l'ont montré les émeutes raciales qui ont émaillé l'actualité anglaise depuis les années 1980. C'est à coup de lois antidiscrimination qu'un grand nombre de sujets de couleur de Sa Majesté ont accédé à une visibilité que la France peine encore à accorder à ses « enfants issus de l'immigration ». La télévision britannique a largement ouvert ses portes aux « minorités visibles ». Ce phénomène est loin d'être anecdotique, puisque, même en politique, le Royaume-Uni fait preuve d'une certaine avance sur la France. Au niveau local, Birmingham, deuxième ville du pays, ne compte pas moins de 23 conseillers municipaux de couleur sur 117 ; et le numéro deux de la police londonienne est un musulman d'origine pakistanaise.

> « *Le multiculturalisme est le respect mutuel fondé sur une éthique commune.*
> SADIQ KHAN, DÉPUTÉ TRAVAILLISTE.
>
> *Le multiculturalisme valorise ce qui nous divise plus que ce qui nous unit.*
> TREVOR PHILLIPS, PRÉSIDENT DE LA CRE. »

La CRE

La Commission for Racial Equality (CRE) a été créée en 1976, l'année où est promulguée la loi antidiscrimination (Race Relation Act) pour veiller à son application et promouvoir le multiculturalisme. Mais Trevor Phillips, qui en est responsable depuis 2003, dénonce les limites de cette politique : « Nous marchons comme des somnambules vers le multiculturalisme. » En 2007, la CRE devient la Commission for Equality and Human Rights.

Une « question ethnique » au recensement

En 1991, une nouvelle question portant sur l'identité ethnique est introduite au recensement britannique. Envisagée dès les années 1970 pour lutter contre les discriminations raciales, elle devait au départ interroger les citoyens sur leur couleur de peau ou leur origine géographique (Noir, Blanc, Asiatique, Chinois). Mais, face aux revendications de certains groupes – les « Noirs antillais » ne souhaitant pas être mélangés aux « Noirs africains », les « Pakistanais » aux « Indiens », etc. –, les catégories ont dû évoluer pour coller non plus à une vision ethnicisée ou raciale, mais à une vision multiculturelle de la société en prenant en compte l'identité nationale ou régionale.

On passe d'une politique de lutte contre les discriminations à une politique multiculturaliste qui vise à valoriser la prise en compte des appartenances et des affiliations culturelles, ethniques et, bientôt, religieuses. En effet, dès 1991, des associations islamiques demandent aux musulmans de ne pas cocher de cases ethniques et d'inscrire « musulman » dans l'item « autre », pour suivre la logique de l'*umma* selon laquelle l'islam transcende les appartenances nationales. Ainsi, le recensement de 2001 inclut une nouvelle question sur la religion. Pour les différentes communautés, le recensement permet non seulement un dénombrement des minorités, mais aussi une reconnaissance de celles-ci et, par suite, le moyen d'obtenir des financements.

PART DES MINORITÉS ETHNIQUES

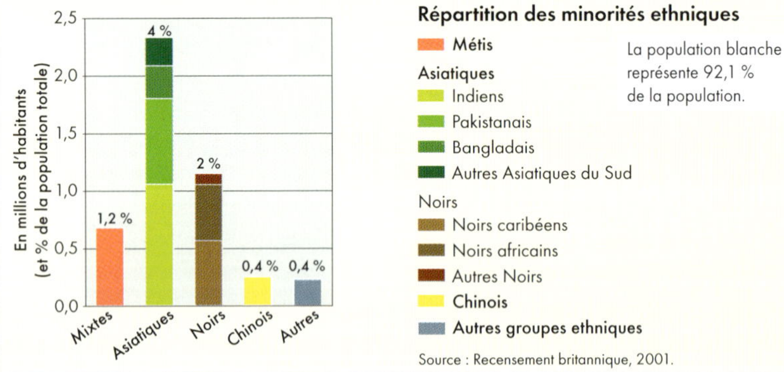

Source : Recensement britannique, 2001.

LA RÉPARTITION RÉGIONALE DES MINORITÉS ETHNIQUES

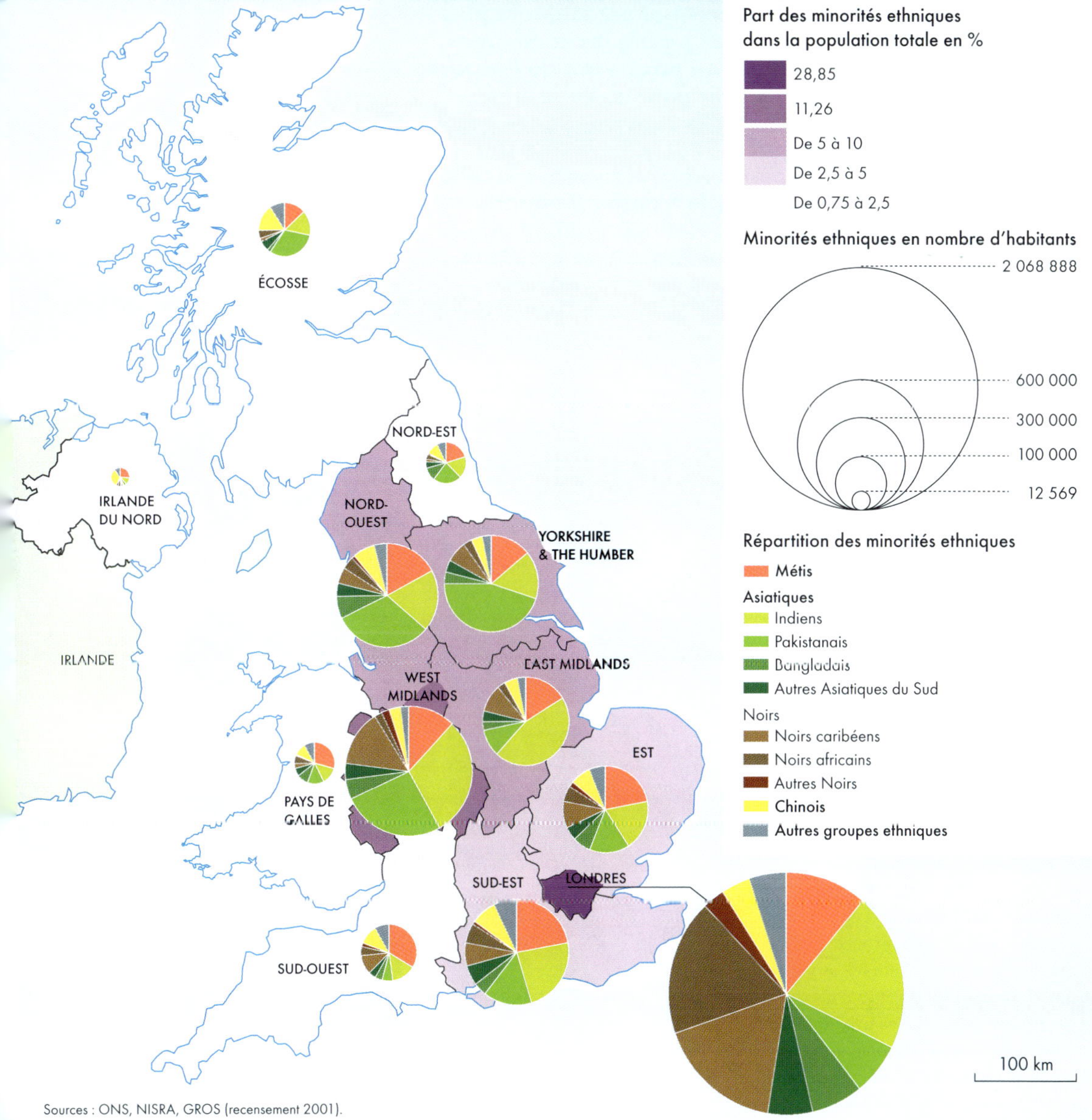

Sources : ONS, NISRA, GROS (recensement 2001).

Du multiculturalisme à la britannicité ?

Des émeutes raciales à répétition aux attentats de Londres en 2005, le multiculturalisme ne semble plus être le garant de l'ordre public escompté. La nation britannique repose sur la « tolérance » de l'autre, mais une partie relativement significative des Anglais *white*, groupe ethnique majoritaire, a désormais l'impression que cette « tolérance » leur est imposée sans la contrepartie d'un sentiment d'appartenance fort que sous-tend habituellement une cohésion nationale. Les progrès électoraux du BNP comme la multiplication de symboles identitaires strictement anglais sont les révélateurs d'une certaine remise en cause de la britannicité. Après avoir favorisé, durant trente ans, l'expression de la différence culturelle, religieuse et régionale au nom de la tolérance, le pays s'interroge désormais sur ce qui l'unit. Ce débat montre que la nation est une idée géopolitique assurément contemporaine.

Le Royaume-Uni et l'Europe

Le Royaume-Uni est souvent considéré comme le mauvais élève de l'Europe, comme le pays qui est toujours plus ou moins en marge des grandes politiques communes. Il n'a pas adopté l'euro et ne fait pas partie de l'espace Schengen. À l'image de leurs dirigeants, beaucoup de Britanniques restent d'ailleurs eurosceptiques voire europhobes. Membre depuis 1973, le Royaume-Uni a toujours défendu sa propre vision alternative à celle longtemps incarnée par le couple franco-allemand. Les Britanniques ont en effet toujours privilégié une approche de l'Europe plus économique que politique. Toutefois, l'influence britannique est incontestable dans l'Europe d'aujourd'hui.

« *Cessons de penser trop simplement que la Grande-Bretagne n'a jamais fait le choix entre les États-Unis et l'Europe car elle met tout en œuvre pour fabriquer une Union européenne à son image.* »

J. Leruez, *Londres et le monde*, Paris, Autrement, 2005.

Le Royaume-Uni et les organisations européennes en 2009

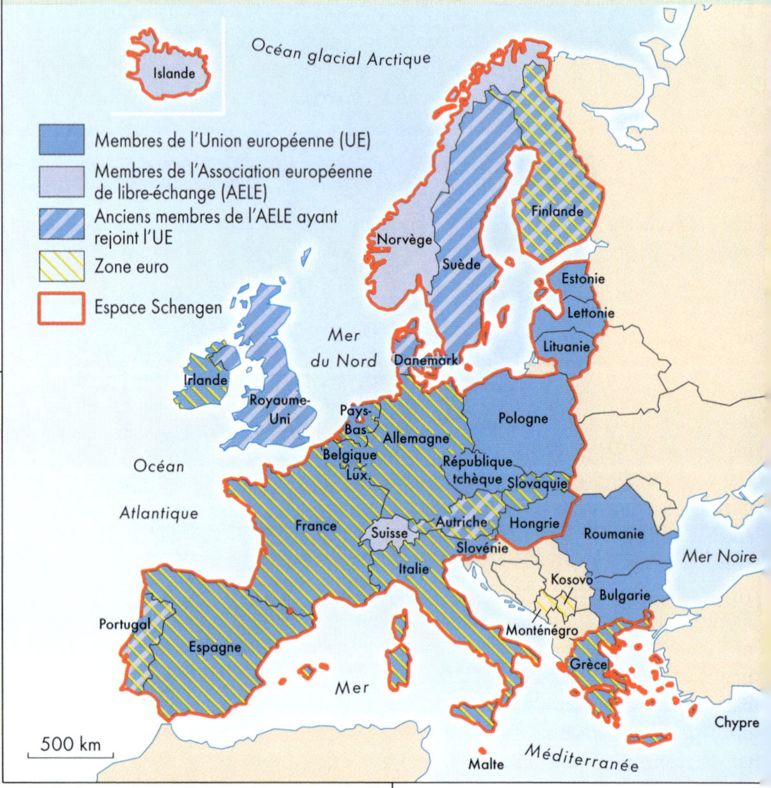

New Labour et Union européenne

Après l'épisode du thatchérisme, Tony Blair apparaissait plutôt proeuropéen et laissait entrevoir une nouvelle approche de la construction européenne. Certes, le New Labour s'est parfois montré plus conciliant face aux institutions européennes, mais il n'a toutefois pas abandonné les principes britanniques d'une Europe souple et économique plutôt que politique et intégratrice. Comme chancelier de l'Échiquier, Gordon Brown a en outre contribué au refus britannique d'adopter l'euro.

Grâce à un habile travail de lobbying, le New Labour a su profiter du contexte européen pour faire prévaloir certaines conceptions britanniques. En liant des alliances avec des gouvernements libéraux (Berlusconi, Aznar) ou avec des pays d'Europe orientale volontiers atlantistes, les Britanniques ont su imposer leur vision, alors que le couple franco-allemand semblait moins solide et que les échecs de ratification de la Constitution européenne (France et Pays-Bas en 2005) ont réduit l'influence des partisans d'une intégration politique renforcée. Ils ont favorisé l'élection du libéral Manuel Barroso à la tête de la Commission européenne en 2004, plutôt que Guy Verhofstadt jugé trop fédéraliste.

Tout en participant à la construction européenne, notamment en ratifiant le traité de Lisbonne en 2008, les travaillistes n'ont pas pour autant renoncé aux conceptions historiques du Royaume-Uni, leur redonnant même une véritable influence.

« I want my money back »

À leur entrée dans la CEE, les Britanniques étaient réticents à financer la politique agricole commune (PAC), alors que leur système agricole ne leur permettait pas d'en bénéficier. Une première compensation a été le renforcement des politiques de cohésion et la création du Fonds européen de développement économique et régional (Feder) en 1975, notamment pour soutenir la reconversion des régions industrielles britanniques en crise.

En 1984, Margaret Thatcher a négocié une seconde compensation : un rabais de la participation britannique au budget européen, dont la PAC représentait alors 80 % des dépenses (45 % aujourd'hui). En 2005, le Royaume-Uni, toujours contributeur net, a certes concédé une baisse de ce rabais, mais reste intransigeant sur la nécessité de réformer la PAC. Londres considère en effet qu'il faut réorienter le budget de l'UE vers des secteurs plus stratégiques, comme la recherche, l'innovation ou l'éducation.

L'UKIP

Le Parti pour l'indépendance du Royaume-Uni (UKIP) est une particularité britannique. Ses résultats révèlent l'euroscepticisme d'une grande partie de l'électorat. Ce parti, dont le programme se résume au départ du Royaume-Uni de l'UE, est arrivé deuxième aux élections européennes de 2009, avec 16,5 % des votes, alors que les conservateurs (27,7 %) ou le British National Party (6,2 %) avaient aussi un programme eurosceptique.

L'accueil des « plombiers polonais »

Le Royaume-Uni n'a pas intégré l'espace Schengen, mais il est le seul pays de l'UE, avec l'Irlande et la Suède, à avoir largement ouvert ses portes aux travailleurs est-européens. Ainsi, entre mai 2004 et décembre 2008, 965 000 demandes de permis de travail ont été déposées au Royaume-Uni par des ressortissants de huit pays d'Europe orientale. Ce nombre ne tient pas compte des travailleurs indépendants ou illégaux, des femmes sans emploi et des enfants. Les Polonais représentent les deux tiers de ces travailleurs.

Dans les villes britanniques, ces communautés ont désormais leurs propres enseignes, leurs médias, leurs églises, voire leurs propres quartiers. Ils travaillent comme ouvriers, manutentionnaires, personnels d'entretien, cuisiniers ou dans le bâtiment. Mais cette immigration n'est pas seulement urbaine : un quart des demandes concerne des espaces ruraux. On trouve de fortes communautés polonaises dans les Highlands, pour travailler dans la pêche, et dans l'East Anglia, où l'on manque d'ouvriers agricoles.

Les statistiques montrent cependant que le flot d'immigration diminue depuis fin 2007. Certains travailleurs est-européens sont même rentrés dans leur pays, en partie déçus par leurs conditions de vie et leurs salaires. Les vagues de retour devraient s'accentuer avec la crise économique et la hausse du chômage au Royaume-Uni, dont ces travailleurs sont les premières victimes.

LES IMMIGRÉS EST-EUROPÉENS AU ROYAUME-UNI

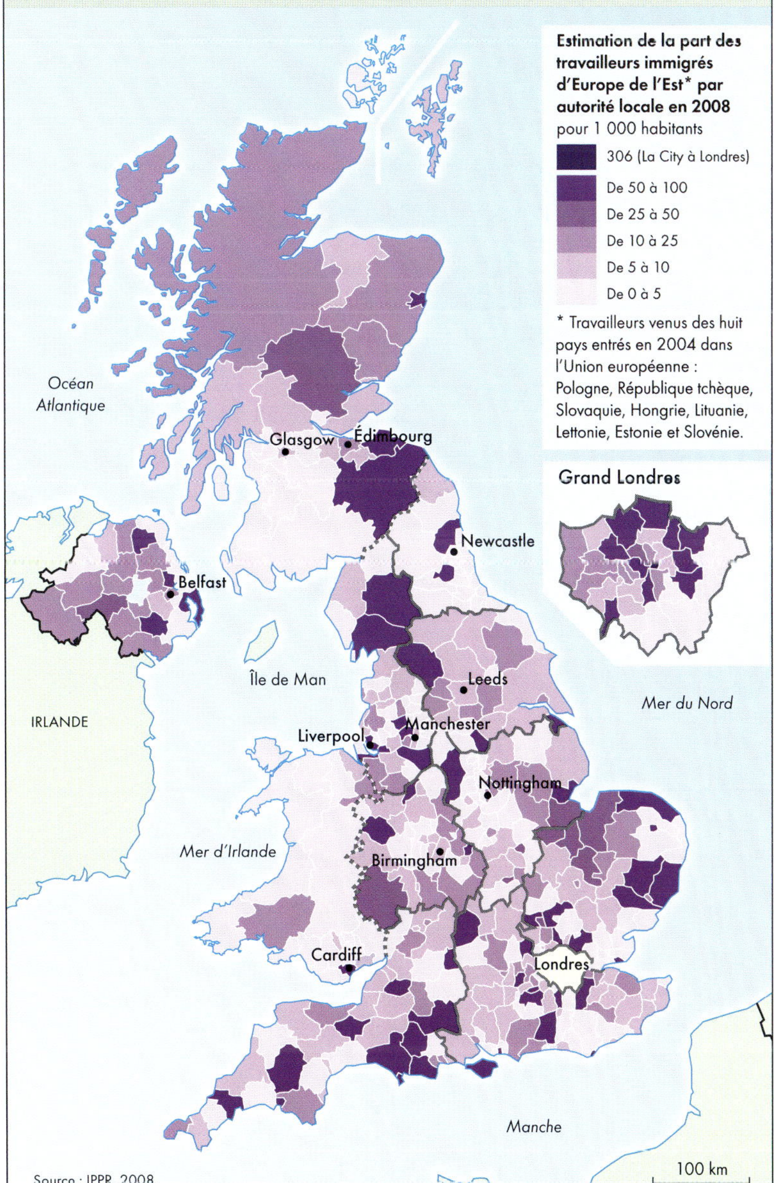

Source : IPPR, 2008.

LA (MÉS)ENTENTE CORDIALE

La rivalité franco-britannique est régulièrement ravivée par de vraies divergences politiques et diplomatiques, mais aussi par des railleries et des clichés chauvins très populaires des deux côtés de la Manche. Toutefois, la France et le Royaume-Uni sont les plus vieux alliés en Europe. Au cours du XXe siècle, ces deux vieilles puissances partagent un destin commun : les guerres mondiales, le recul de leur influence, la perte de leur empire et les contrecoups postcoloniaux. Aujourd'hui, les échanges culturels sont très intenses : les Britanniques adorent passer leurs vacances en France quand beaucoup de jeunes Français partent travailler et vivre à Londres.

LES FRANÇAIS EN GRANDE-BRETAGNE

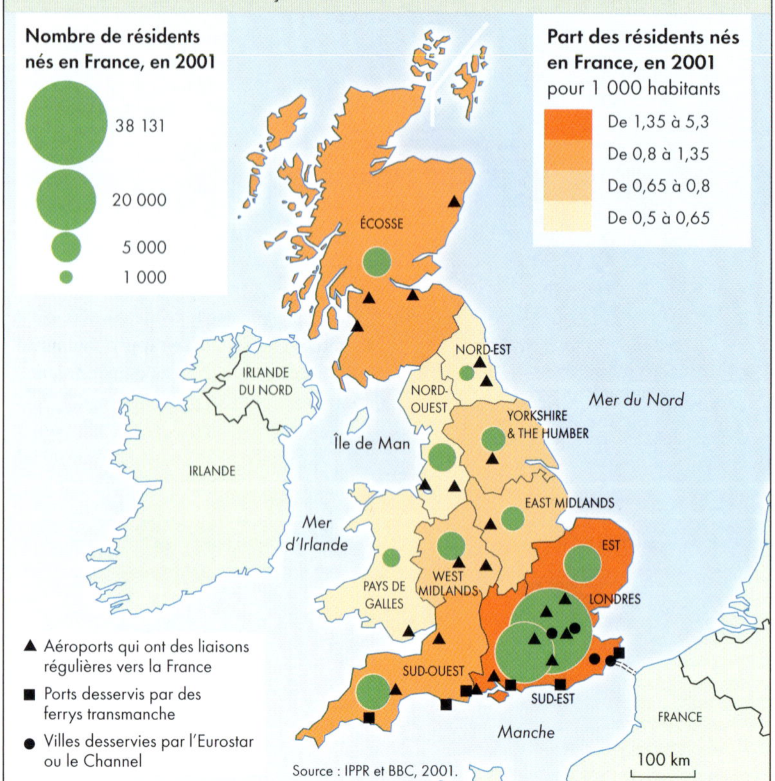

Source : IPPR et BBC, 2001.

Entre chauvinisme et amitié sincère

Au-delà des relations diplomatiques, les Français et Britanniques sont souvent caricaturés dans les deux pays, au gré des rivalités sportives ou de la presse populaire. Au-delà des a priori, les deux peuples partagent une attirance réciproque. Pour preuve, la France rurale fait rêver les Britanniques, dont beaucoup aspirent à y installer leur résidence secondaire, voire à y vivre. Dans l'immobilier, 57 % des acheteurs étrangers non résidents en France sont britanniques. En 2006, selon la BBC, 200 000 ressortissants britanniques habitent toute l'année en France, dont 34 000 retraités. La France est ainsi la troisième destination favorite des Britanniques en Europe après l'Espagne et l'Irlande. Ils représentent la première clientèle touristique étrangère en France.

À l'inverse, le Royaume-Uni attire les Français, notamment les jeunes travailleurs. Le recensement britannique de 2001 montrait que plus de 94 000 résidents étaient nés en France, un nombre en hausse de 76 % par rapport au recensement de 1991. Ce sont les quartiers du centre-ouest de Londres qui attirent le plus de Français, y créant une ambiance de *Little France* (voir p. 68).

L'Eurostar et la multiplication des liaisons aériennes ont favorisé les échanges migratoires entre les deux pays. L'arrivée de vols *low-cost* vers le Royaume-Uni a permis le développement fulgurant de petits aéroports français situés au cœur des territoires les plus prisés par les Britanniques, comme ceux de Poitiers et de Bergerac. L'aéroport de Dinard est ainsi passé de 27 000 passagers en 1998 à plus de 200 000 en 2008, dont 95 % voyageant sur des vols à bas coût. Toutefois en 2009, la crise économique et la baisse de la livre par rapport à l'euro pourraient pousser beaucoup de Britanniques à quitter la France devenue trop chère.

LES BRITANNIQUES EN FRANCE

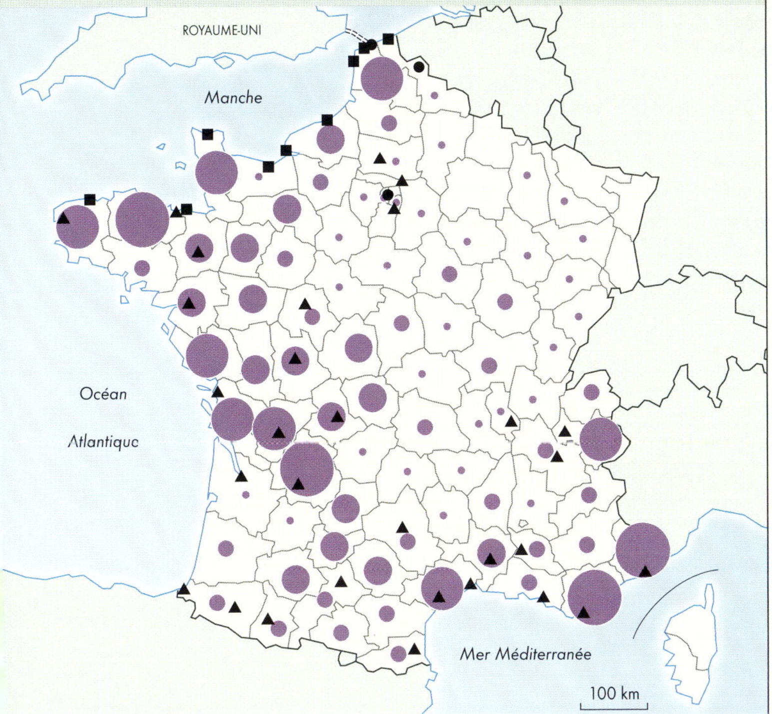

Sources : ODIT, *Le Monde*, compagnies aériennes et maritimes.

Un aéroport « low-cost » au cœur du « Dordogneshire »

Évolution du trafic de l'aéroport de Bergerac

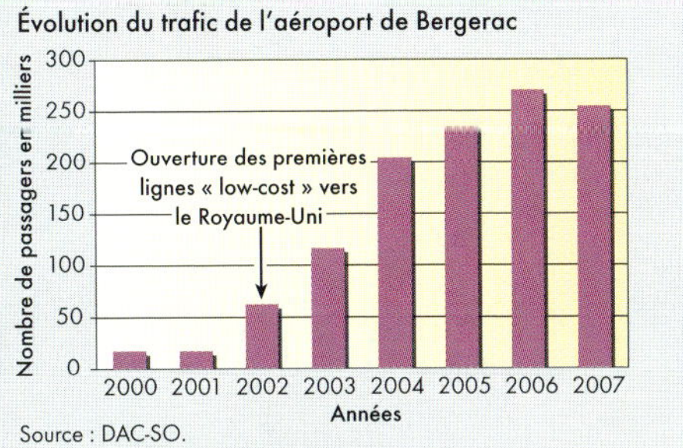

Source : DAC-SO.

Une vieille entente entre frères ennemis

Géographiquement voisins, le Royaume-Uni et la France ont une influence politique, diplomatique, militaire, économique et culturelle sensiblement équivalente à l'échelle mondiale. Partenaires au sein de l'Union européenne, les deux pays, puissances nucléaires et membres fondateurs de l'Otan, sont également membres permanents du Conseil de sécurité de l'ONU. Ce sont deux puissances qui ont fortement décliné au cours du XXe siècle, notamment après les guerres mondiales, les crises économiques, la perte de leurs empires coloniaux et l'avènement de nouvelles puissances mondiales (États-Unis, URSS/Russie, Chine).

Du fait de leurs similitudes, les relations entre ces deux pays tout au long du XXe siècle sont extrêmement complexes, faites d'amitié étroite, de méfiance réciproque et de divergences profondes, selon le contexte géopolitique du moment. Le rapprochement diplomatique entre ces deux anciens ennemis héréditaires date de l'Entente cordiale de 1904, scellée au moment de leur apogée politique et coloniale. Cet accord n'est pas réellement une alliance militaire, mais le règlement de différends coloniaux par lequel les Britanniques assurent leur présence en Égypte et au Soudan, et les Français au Maroc. L'Entente cordiale a certes inauguré un siècle de paix entre les deux pays, mais leurs relations sont restées ambiguës, comme le montrent les événements de ces dernières années.

D'un côté, les Britanniques partagent des programmes stratégiques de défense avec la France, symbolisés notamment par les accords de Saint-Malo, signés entre les deux pays en 1998. Les armées françaises et britanniques sont intervenues ensemble à de très nombreuses reprises, du Koweït à l'Afghanistan, en passant par le Kosovo. Les deux pays collaborent également à des programmes d'armement, de recherche ou d'industrie civile. Par exemple, Français et Britanniques travaillent étroitement à la conception commune de porte-avions. D'un autre côté, les désaccords persistent : à propos de la construction européenne et des priorités de l'UE, du rôle de l'Otan, de l'engagement auprès des États-Unis, particulièrement au moment de l'intervention en Irak, ou lors de crises ponctuelles, par exemple à propos de la « vache folle ».

Malgré l'entente historique entre la France et le Royaume-Uni, leurs relations en dents de scie entretiennent ainsi une certaine méfiance réciproque tout au long du XXe siècle.

> « *Méfiance mutuelle oblige, ce qui est « réserve » ou « bonne éducation » d'un côté de la Manche est « perfidie de l'autre ».* »
>
> T. Harris, *Une certaine idée de l'Angleterre*, Paris, Armand Colin, 2006, p. 68.

ENTRE *SPECIAL RELATIONSHIP* ET DÉFEN

Voulant constituer « un pont entre l'Europe et l'Amérique », Tony Blair semble toutefois avoir privilégié la special relationship entre son pays et les États-Unis, suivant une stratégie que Gordon Brown n'a pas démentie. Pourtant, au xxᵉ siècle, le Royaume-Uni ne s'est pas toujours aligné sur la politique étrangère américaine : il a parfois gardé une certaine indépendance au gré de ses intérêts, de la vision internationale de ses dirigeants et de leurs relations personnelles avec les présidents américains. Le Royaume-Uni est d'ailleurs l'un des moteurs d'une certaine Europe de la défense, dont les liens avec l'Otan ne seraient pas rompus.

LES ALLIÉS DU ROYAUME-UNI

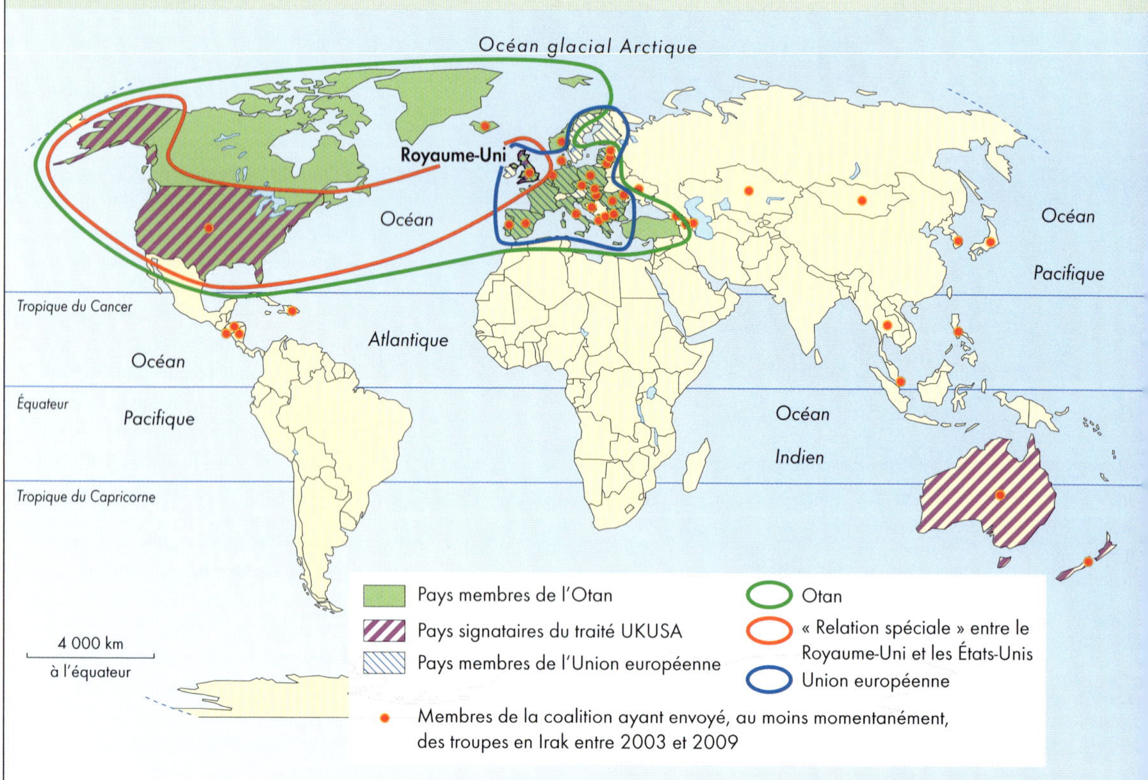

Le Royaume-Uni et la défense européenne

Dans les années 1990, l'impuissance des Européens face à la guerre en Bosnie a révélé le besoin d'un renforcement des coopérations de défense et de sécurité. Les accords de Saint-Malo, signés entre la France et le Royaume-Uni en 1998, vont dans ce sens et constituent une étape décisive dans la création d'une Europe de la défense. Ils créent une base de coopération militaire entre Français et Britanniques, avec pour ambition de s'élargir à d'autres pays européens. Les deux pays deviennent ainsi les moteurs de la Politique européenne de sécurité et de défense (PESD), effective à partir de 1999.

À partir de la PESD, les Français veulent créer une défense européenne indépendante des États-Unis. Mais pour les Britanniques, l'objectif est différent : la PESD complète et renforce les alliances en place et créent un cadre d'action entre les puissances européennes en cas de non-engagement des États-Unis dans une crise ou un conflit, comme ce fut le cas en ex-Yougoslavie. Ils ne veulent pas fonder une stratégie de défense et de sécurité indépendante de toute implication américaine. Pour les Britanniques, une intervention européenne doit rester dans la chaîne de commandement et dans la stratégie de l'Otan, comme ce fut le cas pour les opérations de l'UE en Macédoine ou en Bosnie.

Malgré ces conceptions différentes d'une défense européenne, le Royaume-

SE EUROPÉENNE

De Yalta à Bassora : la « relation spéciale » avec les États-Unis

Théorisée par Churchill au lendemain de la Seconde Guerre mondiale, la relation spéciale entre le Royaume-Uni et les États-Unis apparaît comme une alliance essentielle entre les deux pays, bien qu'elle ne soit pas inflexible. En effet, s'ils partagent des affinités linguistiques, culturelles, historiques, politiques et stratégiques, certaines dissensions ont assombri leurs relations : ce fut le cas lors de l'épisode de Suez, quand les Britanniques refusèrent de soutenir les Américains au Vietnam, ou lors de l'intervention des États-Unis à Grenade, pays membre du Commonwealth.
Mais le plus souvent, les deux pays se soutiennent mutuellement lors d'interventions militaires. Ce fut le cas dans les années 1980, lors des engagements américains à Panamá, en Libye ou en Afghanistan, ou lors de la guerre des Malouines, menée par les Britanniques dans le pré carré des États-Unis.
La relation spéciale a permis une collaboration très étroite des deux pays sur le terrain irakien. Les Britanniques ont activement participé à la première guerre du Golfe, envoyant le deuxième contingent après les États-Unis, puis à l'opération « Renard du désert » en 1998 visant à faire pression sur Saddam Hussein. Le Royaume-Uni est aussi l'allié le plus proche des États-Unis dans leur « guerre contre le terrorisme », menée après le 11 septembre 2001, qui a conduit à l'intervention en Afghanistan, puis à la guerre en Irak à partir de mars 2003.
Toutefois, si la ligne américaine semble souvent influencer la politique extérieure du Royaume-Uni, on peut douter d'une réciprocité. Par exemple, les Britanniques n'ont guère pesé sur les décisions stratégiques au Kosovo, en Afghanistan ou en Irak. Le Royaume-Uni peinait également à influencer l'administration Bush sur la question de la création d'un État palestinien et du démantèlement des colonies israéliennes. À de nombreux égards, la relation spéciale apparaît comme fortement déséquilibrée.

i est disposé à fournir hommes, matéls et logistique à une force d'interventn rapide interarmées européenne, ıs le cadre de la PESD. Il a notamment rticipé à l'opération « Artémis » en RDC 2003.
is si le Royaume-Uni veut renforcer les ıs stratégiques entre ses alliés euroɔns – en premier lieu la France – il n'end pas pour autant s'affranchir de sa ɔlation spéciale » avec les États-Unis.

> *Nous sommes les alliés des États-Unis non parce qu'ils sont puissants, mais parce que nous partageons leurs valeurs.*
> TONY BLAIR, 2003.

LES BASES AMÉRICAINES AU ROYAUME-UNI

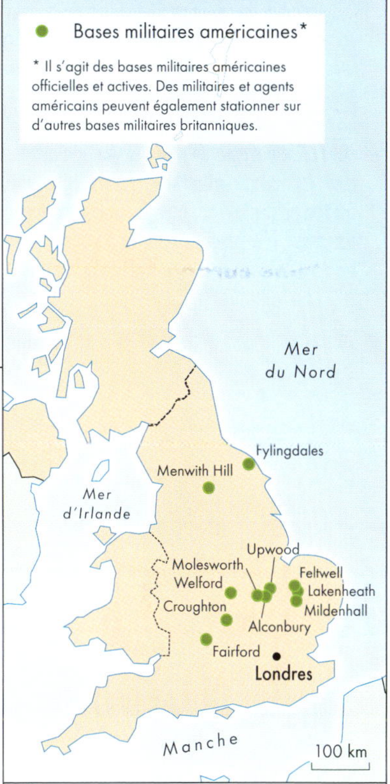

Les services secrets de Sa Majesté au cœur de la *special relationship*

La *special relationship* se concrétise par des liens très étroits dans les domaines du renseignement ou de l'armement. Héritées de la guerre froide, les relations entre le MI6 et la CIA demeurent très fructueuses. Le renseignement est d'ailleurs la base du traité UKUSA, qui a abouti au réseau Echelon, système satellitaire d'interception de communications publiques ou privées qui couvre le monde entier. Pour les Britanniques, cette alliance prime sur les autres coopérations internationales. Ils se sont d'ailleurs opposés à ce que le système de positionnement par satellite européen Galileo comporte un volet militaire, ce qui le substituerait au système américain GPS. La coopération entre les deux pays concerne également la défense antimissile. La base de Fylingdales dans le Yorkshire est d'ailleurs un maillon clé des systèmes en place et en développement.

La défense britannique répond à deux objectifs majeurs : assurer la sécurité de son territoire métropolitain et d'outre-mer et renforcer la stabilité internationale. Dans leur politique de défense, les Britanniques ont ciblé trois dangers majeurs pour leur sécurité : le terrorisme international, les armes de destruction massive et les États défaillants. Si le savoir-faire militaire britannique est incontestable, l'image de l'armée de Sa Majesté est entachée par les dérives de la guerre en Irak et par l'échec des troupes occidentales à neutraliser les talibans en Afghanistan.

> « *Résolument tournée vers les conflits post-guerre froide, l'armée britannique est l'héritière d'une culture stratégique forte et pérenne.* »
> J.-S. Mongrenier, *Hérodote*, n° 116, 2005, p. 44.

LES PERTES EN AFGHANISTAN ET EN IRAK

Nombre de militaires britanniques morts en Afghanistan et en Irak, par trimestre

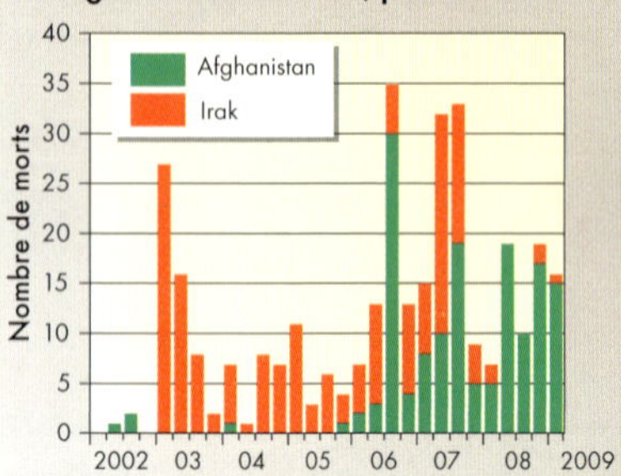

Source : BBC.

LES PUISSANCES MILITAIRES MONDIALES

Évolution de la part des dépenses militaires de différents pays dans le PIB, en %

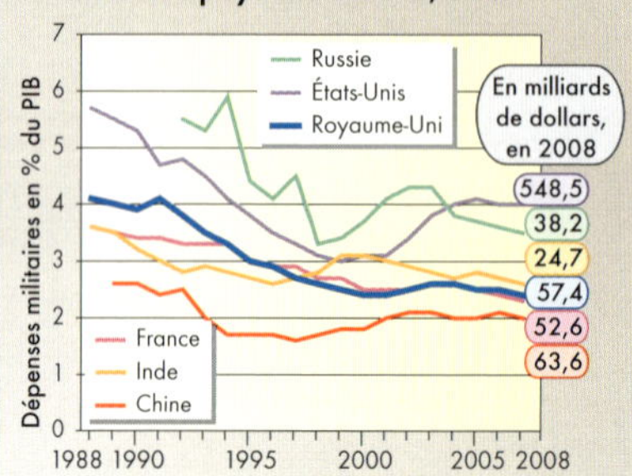

Source : SIPRI.

Le Royaume-Uni dans la guerre contre le terrorisme

Le savoir-faire de l'armée britannique lui a permis de s'engager aux côtés des États-Unis en Afghanistan et en Irak. Mais dans les deux cas, les succès des premiers mois ont vite laissé place à une forme d'enlisement, coûtant cher en vies humaines et en dépenses brutes. En mars 2009, on dénombrait 179 militaires britanniques tués en Irak et 152 en Afghanistan. Selon le *Guardian* (2009), les deux conflits auraient déjà coûté au total plus de 14 milliards de livres aux contribuables britanniques, amputant sévèrement le budget prévu pour la modernisation de l'armée.

Menée sans mandat de l'ONU, l'opération Telic, l'engagement britannique en Irak, a suscité une opposition internationale et intérieure particulièrement virulente, ternissant l'image du pays. Le contingent britannique comptait 45 000 hommes au moment de l'invasion en 2003, avant de diminuer rapidement à quelques milliers, se concentrant sur le Sud chiite du pays, la région de Bassora.

En concertation avec la stratégie américaine, les Britanniques ont peu à peu quitté l'Irak à partir de 2005 (départ finalisé en juin 2009), pour renforcer leur participation à la Force de sécurité et d'assistance internationale (ISAF) en Afghanistan, sous l'égide de l'Otan, dépassant les 9 000 hommes en 2009. Malgré plusieurs années de guerre, l'Afghanistan apparaît plus que jamais comme une poudrière.

D'importantes capacités de projection militaire

Le Royaume-Uni, puissance maritime historique, a compris l'importance tactique des capacités de projection de puissance dans la nouvelle donne politique internationale au moment de la guerre des Malouines. Les Britanniques ont ainsi fait de la projection de puissance un élément clé de leur stratégie pour prévenir d'éventuelles menaces.

Ils sont ainsi capables d'intervenir dans des zones sensibles voisines de l'Europe (Méditerranée, Proche-Orient, golfe Persique), mais aussi plus lointaines (Asie centrale, Afrique). Leur savoir-faire a considérablement servi lors des guerres et des interventions en Irak, en Afghanistan ou en ex-Yougoslavie. L'armée britannique est très sollicitée dans les opérations de maintien de la paix, agissant dans le cadre de l'Otan, de l'ONU ou de l'Union européenne (PESD), mais également dans des missions humanitaires (tsunami de 2004 en Asie du Sud-Est).

L'armée britannique en restructuration

Entièrement professionnelles depuis 1963, les forces armées britanniques comptent au total 187 500 hommes (mars 2009), regroupés dans trois corps principaux : 105 900 dans la British Army, 38 200 dans le Naval Service et 43 400 pour la Royal Air Force. En comparaison, les armées de terre, de l'air et la marine françaises représentaient 239 000 militaires en 2005.

Depuis le début des années 2000, les forces armées britanniques sont en restructuration : le nombre de bataillons et de sites militaires diminue. Le nombre d'hommes a aussi légèrement baissé, mais l'état-major et le gouvernement entendent améliorer l'efficacité de cette armée, en lui fournissant un matériel ultramoderne et en favorisant les synergies interarmes. Si les dépenses militaires ont diminué dans les années 1990, elles ont été relevées après 2001 pour répondre aux nouveaux enjeux stratégiques mondiaux.

DE LA STRATÉGIE MILITAIRE BRITANNIQUE

Les forces britanniques dans le monde en 2009

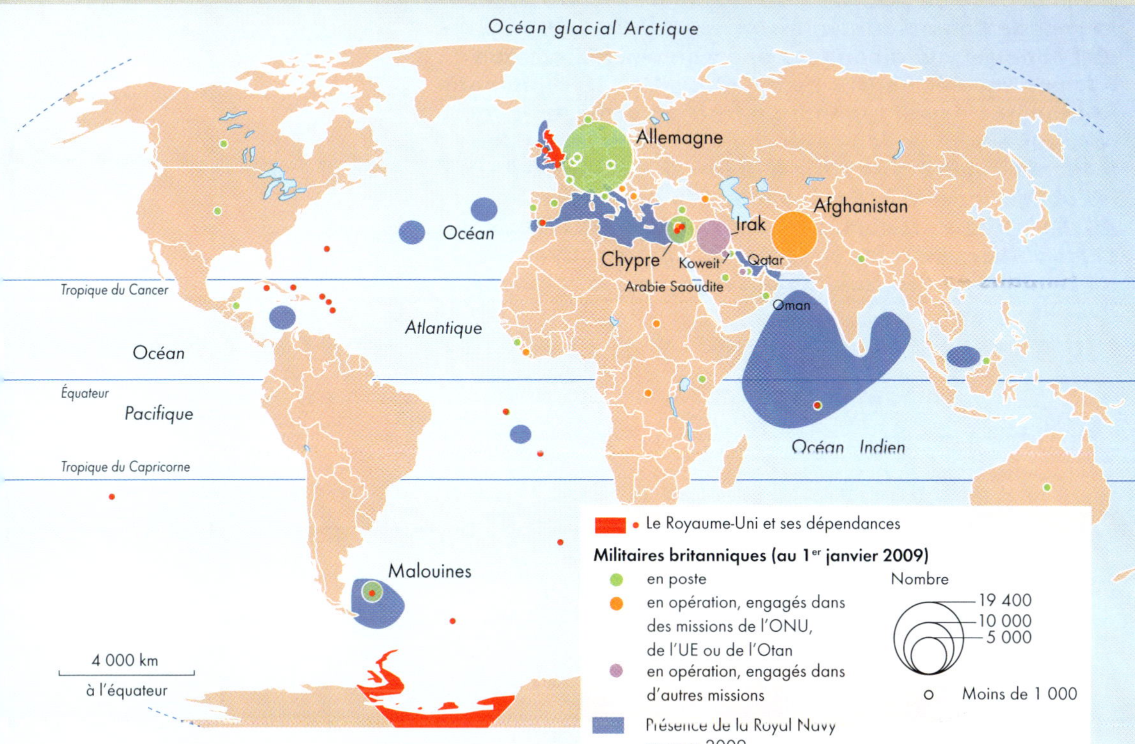

Sources : DASA, MoD, Royal Navy.

Les engagements militaires britanniques depuis 1945

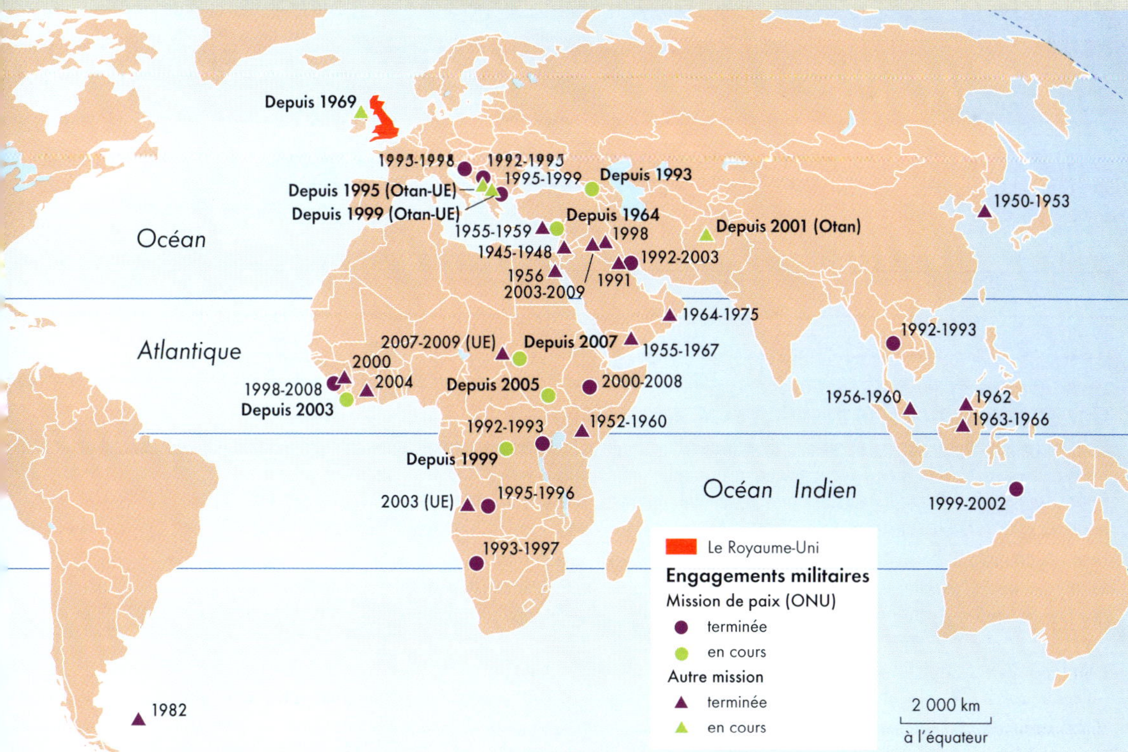

Sources : MoD, British Army, RAF, Réseau francophone de recherche sur les opérations de paix.

UNE DIPLOMATIE ÉTHIQUE À L'ÉPREUVE

À son arrivée au pouvoir en 1997, le New Labour, par la voix de Robin Cook, ministre des Affaires étrangères de l'époque, voulait donner une « dimension éthique » à la politique étrangère du Royaume-Uni. La diplomatie britannique devait répondre à trois objectifs majeurs : construire la paix, la prospérité et la démocratie dans le monde, quitte à recourir à la force. Mais très vite, les obligations de la Realpolitik et la promotion de ses intérêts économiques ont rattrapé les idéaux et les valeurs morales énoncés, du dossier libyen à l'engagement en Irak, en passant par ses relations avec la Chine.

AIDES BILATÉRALES ET PROTECTION DES DROITS DE L'HOMME

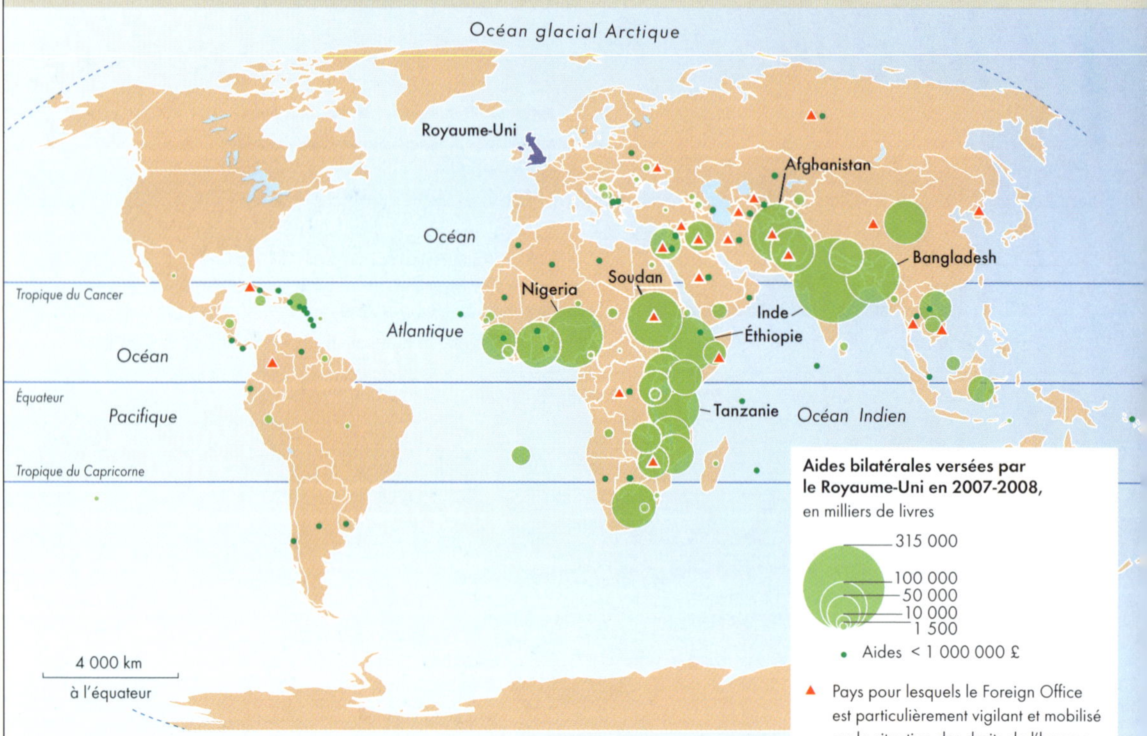

Sources : DFID et Foreign & Commonwealth Office, *Annual Report on Human Rights*, 2008.

Une politique africaine désintéressée ?

D'après le discours officiel, la politique africaine britannique s'intéresse essentiellement à l'aide au développement économique, aux questions sanitaires et à la promotion de la paix et de la démocratie. Cette approche justifie le volontarisme et la fermeté du gouvernement britannique dans les questions du Darfour, du Sud-Soudan ou du Zimbabwe, là où les risques humanitaires sont les plus importants.

Toutefois, les Britanniques jouent également un rôle politique très actif : ils entendent rester une puissance influente dans leur ancien espace colonial, comme l'a prouvé leur intervention militaire en Sierra Leone en 2000.

Dans son approche africaine, le Royaume-Uni collabore avec la France (dans les termes des accords de Saint-Malo), l'UE et les organisations mondiales (ONU, FMI, Banque mondiale), mais les intérêts économiques du pays restent essentiels dans la prise de décision des Britanniques.

DE LA REALPOLITIK

De Balfour au Quartet

Malgré des crises épisodiques, notamment en 1948-1949 ou en 1982, le Royaume-Uni, ancienne puissance mandataire pour la Palestine, et Israël ont tissé des relations très étroites, à la fois stratégiques et économiques. La Grande-Bretagne est ainsi le premier partenaire commercial européen d'Israël.
Le Royaume-Uni a toutefois toujours défendu sa propre vision du conflit, n'hésitant pas à s'affranchir de la position américaine et à montrer une certaine fermeté face à Israël. Le gouvernement Blair s'est particulièrement investi dans les pourparlers de paix au Proche-Orient. L'ancien Premier ministre est d'ailleurs l'émissaire spécial du Quartet (États-Unis, UE, Russie, ONU) pour favoriser la paix dans la région.
Mais la position britannique reste parfois ambiguë : Tony Blair a été le dernier leader européen à appeler à un cessez-le-feu et à la modération israélienne dans la guerre au Liban de l'été 2006.

> « *Nous n'avons pas d'alliés éternels et nous n'avons pas d'ennemis éternels. Seuls nos intérêts sont éternels et perpétuels.* »
> LORD PALMERSTON, MINISTRE DES AFFAIRES ÉTRANGÈRES, 1ER MARS 1848, DISCOURS AUX COMMUNES.

Les Britanniques et l'aide au développement

Le ministère pour le Développement international (DFID) est le principal outil de l'État britannique pour l'aide au développement. Il distribue l'essentiel des fonds versés par le Royaume-Uni pour le développement économique ou des programmes sociaux ou sanitaires (lutte contre le sida, le paludisme). Ces aides, théoriquement assujetties à des critères de démocratisation, concernent surtout l'aire d'influence britannique.
Cette aide « officielle » est complétée par le travail de nombreuses ONG, dont Oxfam est l'une des plus actives, à la fois sur le terrain, mais également en termes de lobbying. Cette ONG, fondée en 1942 à Oxford et devenue multinationale, agit sur les questions de santé, d'éducation, d'aide aux réfugiés, mais aussi pour la promotion de la démocratie ou la lutte contre les dérèglements climatiques. Oxfam Great Britain revendique un budget de 300 millions de livres, financé à 25 % par l'État.

L'ACTION D'OXFAM DANS LE MONDE

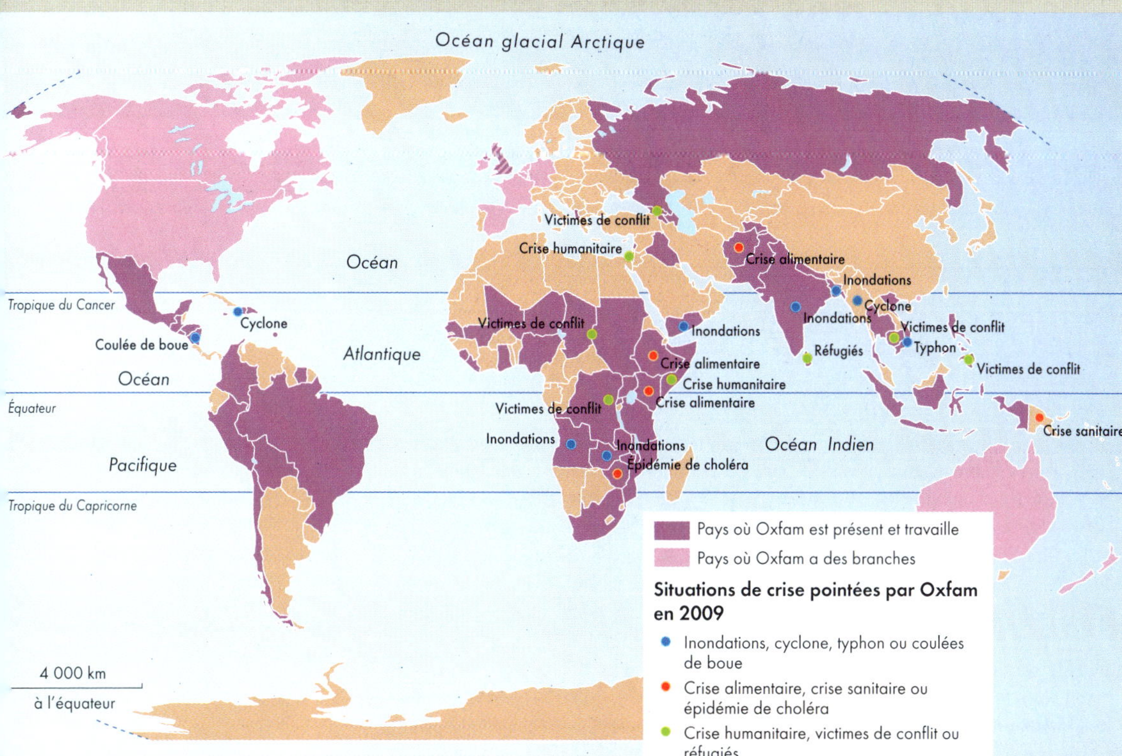

Source : Oxfam, 2009

LE ROYAUME-UNI AU CŒUR D'UNE ÉCON

Sous l'impulsion des gouvernements Thatcher puis Blair, l'économie britannique s'est considérablement modernisée depuis les années 1970, en se spécialisant dans les secteurs financiers. Elle s'est pleinement intégrée au marché européen, qui représente désormais plus de la moitié des flux commerciaux du Royaume-Uni, contre 30 % seulement dans les années 1970, même si les États-Unis restent le premier partenaire commercial. Toutefois, en 2008-2009, le Royaume-Uni connaît sa pire crise économique depuis 1945 : la capacité du pays à sortir de cette tourmente montrera s'il peut prétendre à rester l'une des puissances économiques les plus influentes du monde.

LES ÉCHANGES COMMERCIAUX

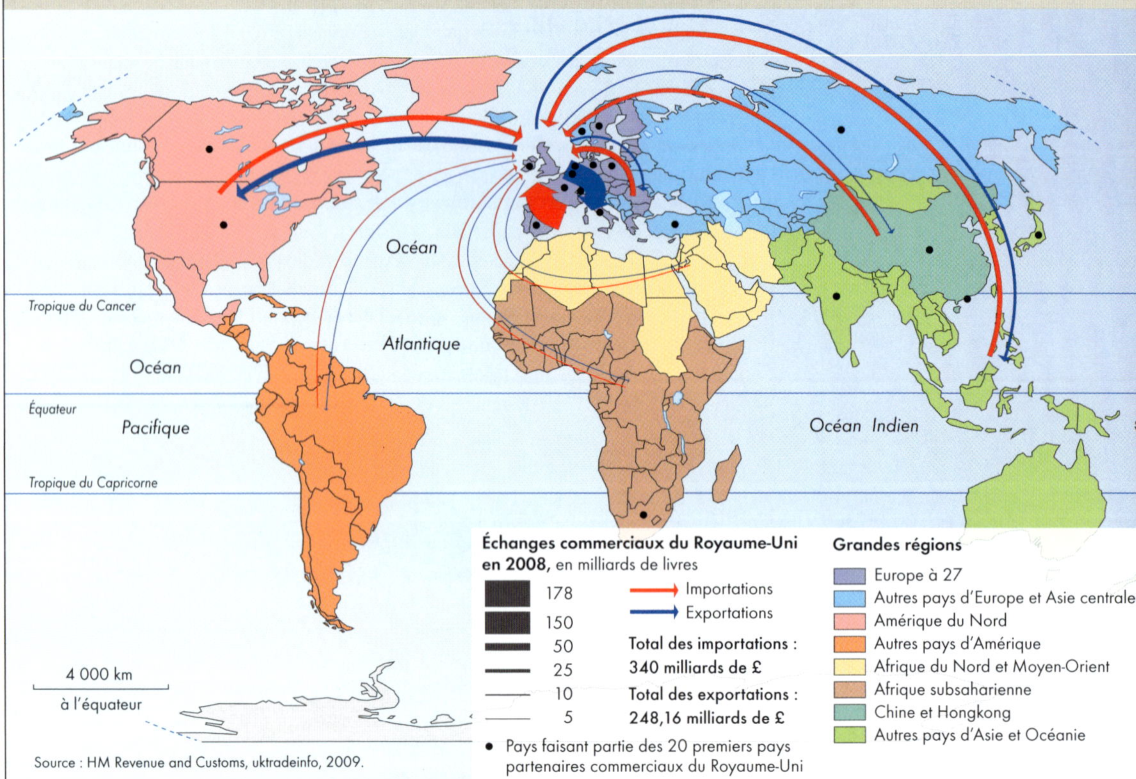

Source : HM Revenue and Customs, uktradeinfo, 2009.

Les réussites et les aléas des banques britanniques

Le secteur bancaire britannique, héritage du passé colonial et commercial d'un pays essentiellement tourné vers la mer, s'est adapté aux règles de la mondialisation. Ainsi, la banque HSBC (Hong-Kong and Shanghai Banking Corporation), fondée au XIXe siècle pour développer le commerce avec l'Extrême-Orient, est aujourd'hui la première banque européenne et la quatrième mondiale en terme de capitalisation boursière. Si HSBC a plutôt bien résisté à la crise financière en 2008-2009, plusieurs banques britanniques ont été menacées de faillite, obligeant le gouvernement à les recapitaliser. La faillite de la Northern Rock évitée par une nationalisation début 2008 – une première depuis les années 1970 – a été l'une des premières conséquences visibles en Europe de l'internationalisation de la crise américaine des *subprimes*, montrant une certaine fragilité de l'économie britannique spécialisée dans la finance.

> ***L'intensité des investissements étrangers fait du Royaume-Uni l'un des premiers pays d'accueil de capitaux extérieurs avec les États-Unis et la Chine.***
> C. Chaline, *Le Royaume-Uni ou l'exception britannique*, Paris, Ellipses, 2004, p. 27.

OMIE EUROPÉENNE MONDIALISÉE

LES SECTEURS D'EMPLOI AU ROYAUME-UNI

Emplois par secteur d'activité au Royaume-Uni

Années / Secteurs d'activité	1964	1978		1990		2008	
Emplois	%	%	En millions	%	En millions	%	En millions
Agriculture, forêt, pêche	2,2	1,9	0,5	1,3	0,3	0,9	0,3
Énergie et eau	2,7	2,8	0,7	1,6	0,4	0,6	0,2
Industrie	36,2	28,5	6,9	19,6	4,8	10,6	2,9
Construction	7	5,6	1,4	5,2	1,3	4,7	1,3
Total des services, dont :	51,9	61,2	14,8	72,2	17,7	83,1	22,6
Distribution, hôtellerie		19,4	4,7	22,3	5,5	23,9	6,5
Transports		6,5	1,6	6	1,5	5,8	1,6
Finance		10,5	2,5	15,7	3,9	21,2	5,8
Administration, éducation, santé		21,1	5,1	24	5,9	26,9	7,3
Autres		3,7	0,9	4,3	1	5,3	1,4

Évolution de l'emploi dans les secteurs de l'industrie et des finances entre 1980 et 2008

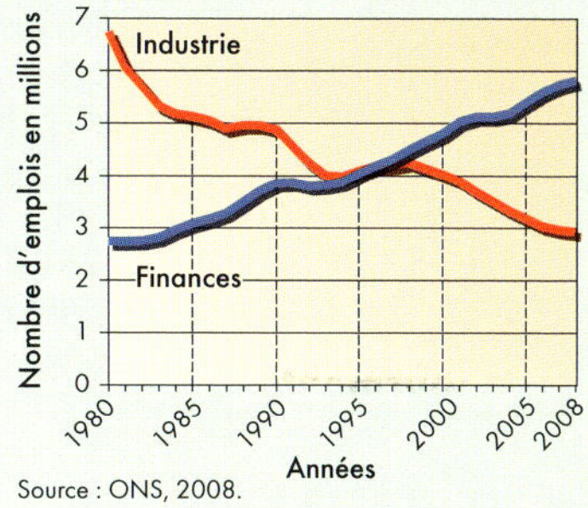

Source : ONS, 2008.

Le pays le plus tertiarisé d'Europe

Si le Royaume-Uni est le berceau de l'industrie, son économie est désormais fortement tertiarisée. Le secteur des services représente plus de quatre cinquièmes des emplois ; c'est le taux le plus important de l'Europe des 27, dépassant également les taux japonais et américain. L'industrie et la construction ne représentent plus que 15,3 % des emplois britanniques. Entre 1978 et 2008, le nombre d'emplois dans l'industrie a diminué de 4 millions, contre une progression de 7,8 millions dans les services. Le Royaume-Uni a réorienté son économie vers les activités financières et les assurances. Le nombre d'emplois dans ces deux secteurs a ainsi plus que doublé au cours de ces trente dernières années.

La part de l'emploi public est passée de 23 % à 19 % entre 1992 et 1998, pour remonter à 20,4 % en 2005, après que le gouvernement travailliste a considérablement embauché dans le secteur.

L'aérospatial : symbole d'une économie entre l'Europe et l'Amérique

Le Royaume-Uni a largement collaboré au développement des coopérations européennes dans le domaine industriel. À l'origine du Concorde avec la France, les Britanniques ont rejoint le consortium Airbus en 1979. Membre de l'Agence européenne de l'espace (ESA), le Royaume-Uni a également participé activement au lancement du programme Ariane (1973). Mais après avoir favorisé leur émergence, les Britanniques se sont peu à peu désengagés de ces programmes phares de la coopération industrielle européenne, notamment après la privatisation de British Aerospace dans les années 1980, et après les fusions/acquisitions dans l'aéronautique et l'armement à la fin des années 1990.

Le Royaume-Uni n'a ainsi pas participé au programme Ariane 5. BAE Systems (né de la fusion entre British Aerospace et GEC Marconi en 1999) a vendu ses dernières activités spatiales en 2003, puis s'est désengagé d'Airbus en 2006. Par ces opérations, le groupe a voulu se concentrer sur le domaine de l'armement et surtout se rapprocher du marché américain. BAE Systems est aujourd'hui le leader européen de l'armement et le troisième groupe mondial. Ses principaux marchés sont le Royaume-Uni, les États-Unis, l'Arabie saoudite, l'Australie et l'Afrique du Sud : le groupe est davantage intégré aux alliances militaires construites autour des États-Unis ou de la sphère d'influence traditionnelle des Britanniques plutôt qu'à un système économique européen.

Toutefois, le gouvernement britannique n'a pas rompu tous les liens avec les programmes européens puisqu'il participe au lancement de Galileo (système de positionnement satellite concurrent du GPS américain), via l'Union européenne et l'ESA. De plus, les industriels européens gardent des liens très forts avec le Royaume-Uni. Malgré le retrait de BAE Systems, EADS conserve en effet des usines au Royaume-Uni, que ce soit pour la construction de satellites ou dans le cadre d'Airbus.

IMPORTATIONS ET EXPORTATIONS

Import
en milliards de livres

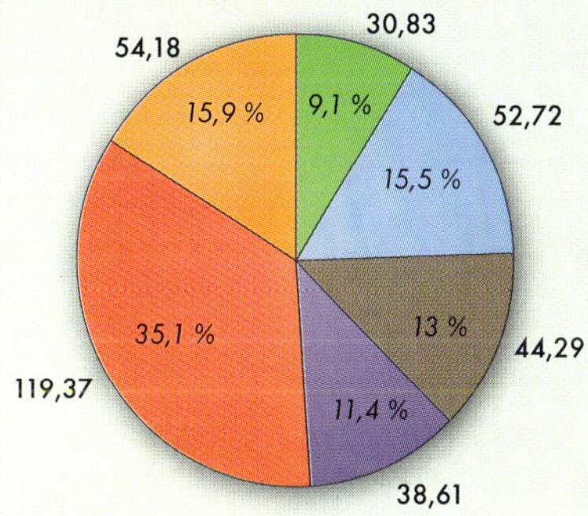

Total : 340 milliards de livres

Export
en milliards de livres

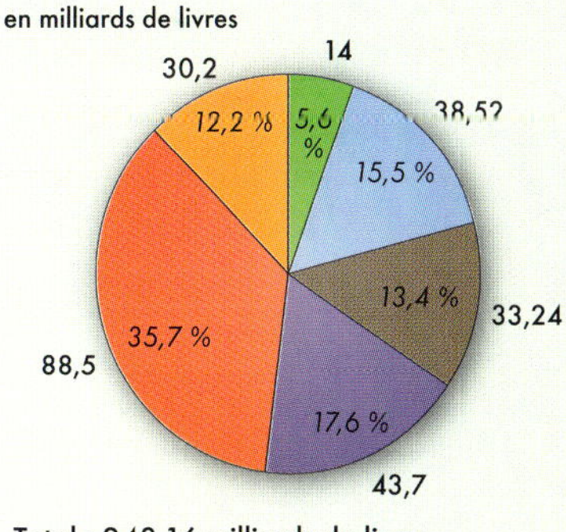

Total : 248,16 milliards de livres

Secteurs

- Agroalimentaire
- Minerais, bois, papier, métaux
- Charbon, hydrocarbures, électricité
- Chimie, pharmacie
- Machines, véhicules, biens high-tech
- Autres biens manufacturés (dont textile)

Source : HM Revenue and Customs uktradeinfo, 2009.

L'INNOVATION : LE SALUT DE L'INDUSTRIE

Le Royaume-Uni a été le berceau de la révolution industrielle. Le pays a été l'atelier du monde au temps de sa splendeur économique et coloniale, il a construit sa richesse et sa puissance sur l'industrie. Ironie de l'histoire, les investisseurs indiens rachètent aujourd'hui des fleurons industriels de l'ancienne métropole coloniale dans l'automobile et la sidérurgie. Mais si le Royaume-Uni a perdu une grande partie de son appareil productif, il demeure l'un des berceaux mondiaux de l'innovation, grâce au dynamisme de ses investisseurs ou à des initiatives politiques locales, voire nationales. Le pays n'a pas tout à fait tourné la page de l'industrie.

Les nouveaux berceaux de l'innovation industrielle

Si elles gardent une part d'emploi industriel assez importante, les grandes conurbations britanniques ne sont plus les territoires du progrès industriel. Les corridors de croissance sont les nouveaux bassins de la haute technologie et de l'innovation. Ils se développent le long d'axes structurants majeurs, bénéficiant de la proximité d'aéroports et de centres de recherche importants. Ils constituent des espaces de forte concentration d'entreprises de haute technologie, de la micro-start-up à la multinationale, organisées en réseaux et travaillant en synergie avec les universités, pourvoyeuses d'une main-d'œuvre hautement qualifiée.

Le développement de ces corridors s'explique par une série de facteurs économiques, sociaux, géographiques, mais surtout par des initiatives politiques nationales et locales. Les racines du corridor de la M4 remontent à l'entre-deux-guerres, quand les premières entreprises électroniques à la recherche d'espace se sont installées à l'ouest de Londres, en parallèle de l'implantation de centres de recherche militaires et d'usines d'armement. La construction de l'autoroute M4 (années 1960 et 1970) et l'avènement de l'informatique et des nouvelles technologies (années 1980 et 1990) ont considérablement renforcé l'attractivité et le développement d'un espace d'innovation majeur, directement relié à l'aéroport d'Heathrow.

LES TERRITOIRES INDUSTRIELS DU ROYAUME-UNI

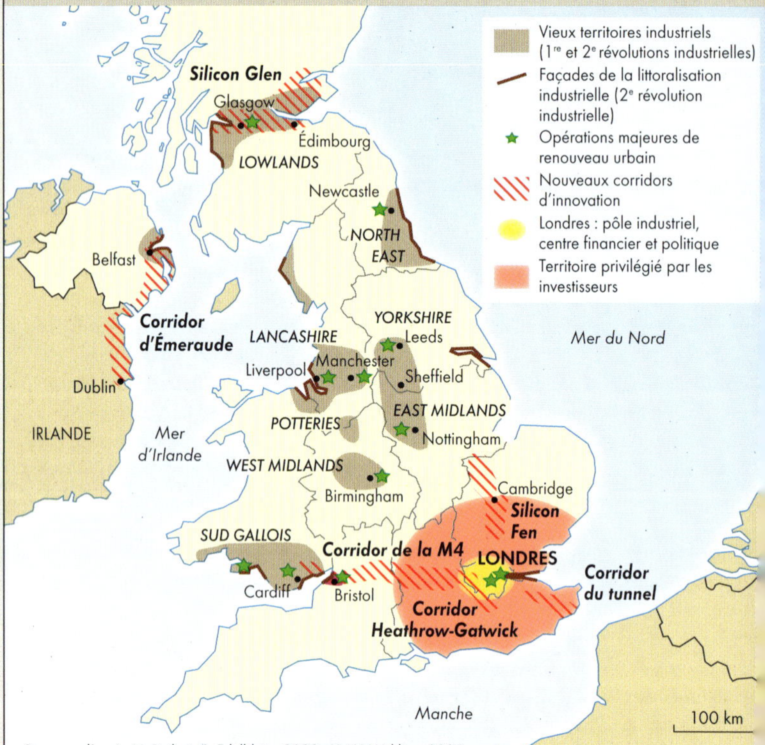

Sources : d'après M. Bailoni, S. Edelblutte, 2009 ; H. W. Wehling, 2007 ; G. Nagle, 2001 ; *The Times Atlas of the World History*, 1979.

LE CORRIDOR D'INNOVATION DE LA M4

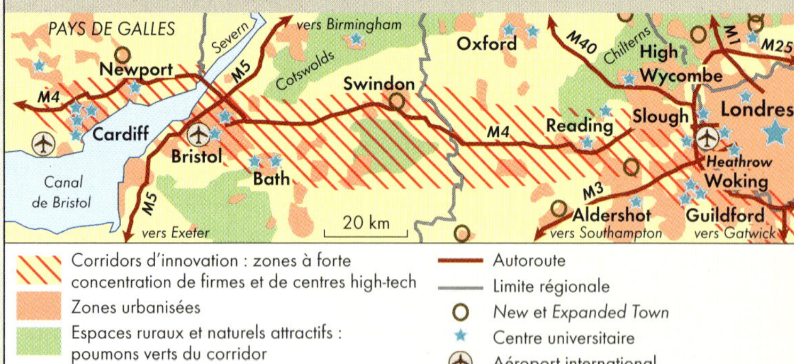

Sources : d'après M. Bailoni, 2009 ; D. Redfern, 2001 ; H. W. Wehling, 2007 ; DEFRA, 2005

BRITANNIQUE ?

L'AUTOMOBILE AU ROYAUME-UNI

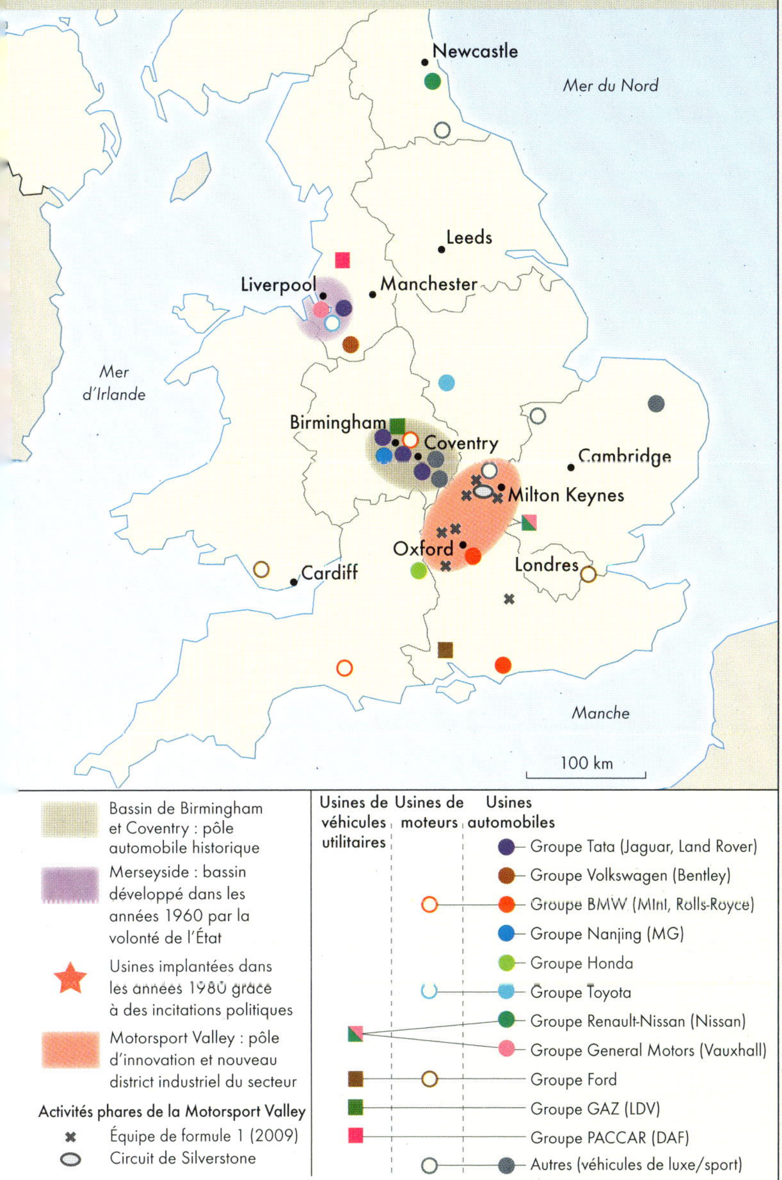

Sources : d'après M. Bailoni, 2009 ; Society of Motor Manufacturers and Traders Limited (SMMT), constructeurs automobiles, FIA.

L'automobile : symbole de l'industrie britannique ?

Vitrine du savoir-faire et d'une certaine élégance britannique, l'automobile a constitué l'un des fleurons de l'industrie d'après-guerre. Mais, après des restructurations massives, tous les grands constructeurs britanniques ont aujourd'hui disparu. Seules les marques de luxe ont réussi à survivre, mais sont passées sous pavillon étranger : Aston Martin a été rachetée par Ford, Rolls-Royce par BMW, MG Rover par le Chinois Nanjing (2005) et Land Rover et Jaguar par l'Indien Tata Motors (2008).

Les restructurations du secteur ont été particulièrement sévères dans le pôle automobile historique des West Midlands. Les fermetures des usines Rover à Longbridge (Birmingham) en 2005 et Peugeot à Ryton (Coventry) en 2006 en sont les exemples les plus récents. Le secteur automobile employait plus de 500 000 personnes dans le pays en 1974, contre 194 000 en 2007. Avec la crise financière de 2008-2009, les restructurations devraient se poursuivre.

Malgré la disparition de ses marques historiques, le pays est l'un des principaux pôles mondiaux d'innovation dans l'automobile. Des centres de recherche, liés en partie au sport mécanique, se sont multipliés autour de Londres. La Motorsport Valley apparaît comme un véritable district industriel dédié à l'automobile, constitué de multiples petites entreprises. Au cœur de cette zone, le parc technologique de Cranfield à Milton Keynes apparaît comme l'un des pôles les plus innovants du secteur. De grands groupes étrangers, comme Nissan ou Ford, ont également installé des centres d'ingénierie dans la région. Le secteur automobile britannique s'est ainsi totalement restructuré autour des activités de pointe (sport et luxe), de la performance et de l'innovation.

> ***« La mondialisation a des effets assez contradictoires, puisque, si les secteurs traditionnels souffrent, de nouvelles industries sont implantées au Royaume-Uni, attirées par la qualité de la main-d'œuvre ou les aides versées. »***
>
> **S. Edelblutte, 2009.**

QUELLE STRATÉGIE POUR UNE INDÉPEN

Le Royaume-Uni a longtemps bénéficié d'une certaine indépendance énergétique, un véritable atout géopolitique et économique. Ses mines de charbon ont permis son développement industriel dès le XVIIIe siècle. À partir des années 1970, les réorientations économiques du pays ont profité des retombées des hydrocarbures de la mer du Nord. Mais alors que ses réserves de combustibles fossiles s'épuisent, le Royaume-Uni doit déterminer une nouvelle stratégie de production d'énergie et d'approvisionnement en ressources, tout en répondant aux objectifs très stricts de limitation des émissions de gaz à effet de serre que le pays s'est fixés.

Vers la fin des réserves d'hydrocarbures

Les réserves d'hydrocarbures de la mer du Nord, exploitées depuis les années 1970, s'épuisent et les productions britanniques diminuent. Le Royaume-Uni est importateur net de gaz naturel depuis 2004 et de pétrole depuis 2006. Selon BP, fin 2007, les réserves prouvées sont respectivement de 410 milliards de mètres cubes et de 3,6 milliards de barils.

L'épuisement des réserves remet en cause l'autosuffisance britannique et une certaine indépendance énergétique. Le Royaume-Uni doit donc réviser sa politique énergétique : il lui faut assurer son approvisionnement et trouver de nouvelles ressources. Les énergies renouvelables et le nucléaire sont des solutions envisageables. L'économie britannique doit aussi s'adapter à l'après-hydrocarbures, notamment dans la région d'Aberdeen, où près de 150 000 emplois sont liés à l'industrie du pétrole et du gaz.

LA CONSOMMATION D'ÉNERGIE AU ROYAUME-UNI

La consommation d'énergie primaire
Part des énergies en %, en 2007

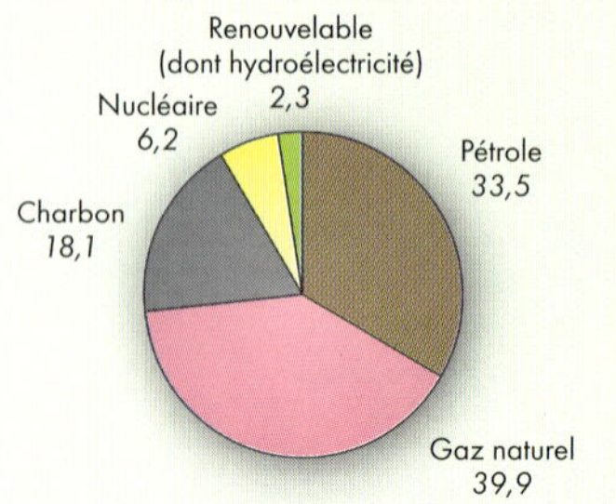

Total : 226 millions de tonnes équivalent pétrole
Source : BERR, 2008.

L'utilisation d'énergie renouvelable
Part des énergies en %, en 2007

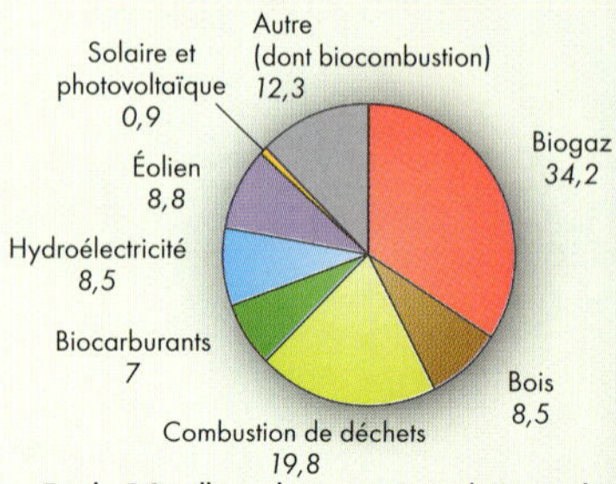

Total : 5,2 millions de tonnes équivalent pétrole

> *Il faut transformer la mer du Nord en l'équivalent pour l'énergie éolienne de ce qu'est le golfe Arabo-Persique pour l'industrie pétrolière.*
> GORDON BROWN, 2008.

LE DÉCLIN DES RESSOURCES ÉNERGÉTIQUES

Production et consommation d'hydrocarbures de 1965 à 2007
En millions de tonnes équivalent pétrole

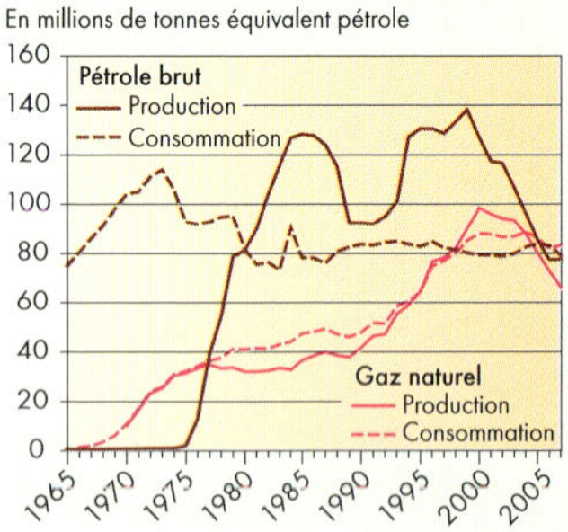

Production et consommation de charbon de 1965 à 2007
En millions de tonnes équivalent pétrole

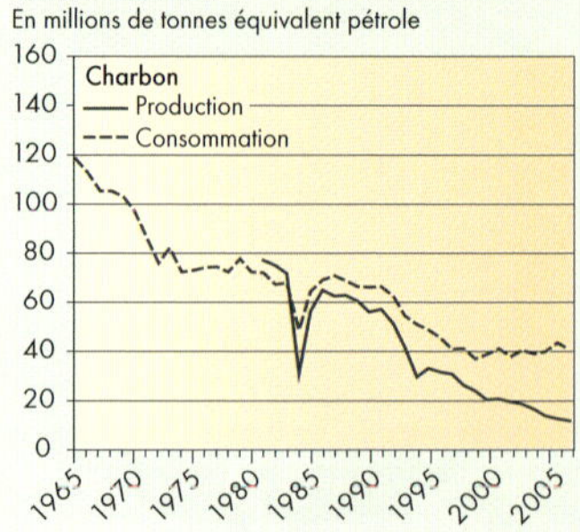

Source : BP.

Le « roi charbon » est-il mort ?

Le charbon est une source d'énergie incontournable au Royaume-Uni : il permet de produire le tiers de l'électricité britannique et la construction de nouvelles centrales à charbon est même planifiée. Mais l'impact environnemental de ce parc est considérable. Ainsi, les émissions en CO_2 de la seule centrale thermique de Drax (Yorkshire), la plus productive d'Europe, représentent plus du quart de celles produites par l'ensemble des automobilistes britanniques. Les nouvelles centrales devraient répondre à des normes très strictes (technologies dites « propres »). Le charbon est cependant moins cher que le gaz et permet aux Britanniques de diversifier leurs sources d'énergie.

Contrairement à la France, le Royaume-Uni exploite encore son charbon. Toutefois, son extraction coûte cher, les réserves britanniques ne sont plus très importantes et l'essentiel du charbon brûlé dans les centrales du pays est importé.

DANCE ÉNERGÉTIQUE ?

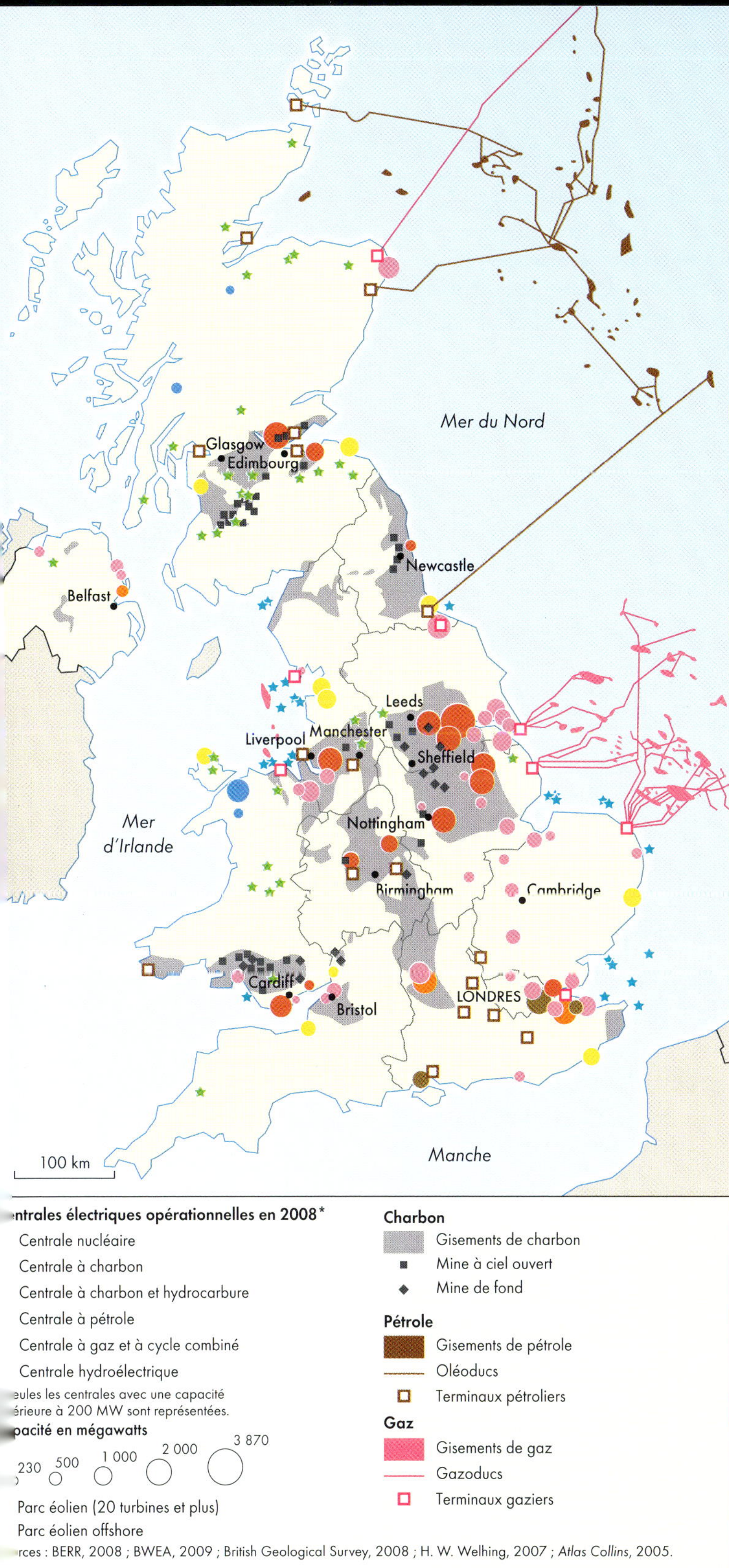

Le nucléaire : l'énergie de demain ?

Développé à partir des années 1960 pour prévenir le déclin du charbon, le nucléaire britannique a souffert de la concurrence du gaz naturel, qui permettait de produire une électricité meilleur marché. Le parc nucléaire britannique est donc resté limité et aucune centrale n'a été construite depuis 1995. Ainsi en 2007, le nucléaire représentait seulement 15 % de l'électricité produite dans le pays (contre 43 % pour le gaz et 34 % pour le charbon). 10 centrales, soit 19 réacteurs, sont opérationnelles en 2009. Mais l'épuisement des réserves et la hausse des cours mondiaux des hydrocarbures ou la nécessité de limiter les émissions de CO_2 dans l'air ont poussé le New Labour à revoir sa stratégie énergétique. Le gouvernement a annoncé en 2008 la réouverture du dossier du nucléaire. Le rachat de British Energy par EDF apparaît comme le prélude à la construction de nouvelles centrales au Royaume-Uni.

Énergie et changement climatique

Par une loi votée en 2008, le Royaume-Uni s'engage à diminuer de 80 % ses émissions de gaz à effet de serre d'ici 2050 par rapport au niveau de 1990. La question énergétique est au cœur de cet objectif très ambitieux : pour l'atteindre, il faut limiter les dépenses d'énergie (transports, logements, bâtiments publics) et renforcer la part des ressources renouvelables. D'ailleurs, selon une directive européenne, 15 % de l'énergie consommée au Royaume-Uni en 2020 devra provenir de ressources renouvelables.

Des investissements massifs sont nécessaires pour atteindre ces objectifs dans un pays où moins de 5 % de l'électricité produite en 2007 provenait de ressources renouvelables. Pour cela, le gouvernement entend mettre à contribution le secteur privé. Plusieurs pistes retiennent l'attention des Britanniques, particulièrement l'éolien et le potentiel marémoteur de certains sites (estuaire de la Severn).

LE ROYAUME-UNI : À LA FOIS FINISTERRE

L'insularité du Royaume-Uni, la nordicité d'une partie de son territoire et sa situation de finisterre européen ont profondément influencé l'organisation des réseaux de transports intérieurs et des liaisons internationales. Ainsi, puisque le Royaume-Uni n'est pas un pays de transit routier ou ferroviaire, les liaisons terrestres apparaissent moins performantes que sur le continent. En revanche, le pays est relié de manière exceptionnelle au reste du monde : ainsi, Heathrow est le premier aéroport du monde pour le trafic international. Il n'est pas anodin que la seule ligne ferroviaire à grande vitesse du pays soit une liaison internationale.

Des liaisons internes particulièrement difficiles

La question des transports ferroviaires est politiquement très sensible. Les déréglementations et les privatisations des années 1980 ont totalement bouleversé l'organisation des services ferroviaires. Certains investissements pour la modernisation et le redéveloppement des réseaux n'ont jamais été effectués ou sont restés trop insuffisants. La première conséquence a été la multiplication des accidents ferroviaires, parfois mortels. Railtrack, la société privée qui gérait les infrastructures, s'est même retrouvée au début des années 2000 en quasi-faillite, avec une dette phénoménale malgré les subventions de l'État. En 2002, le gouvernement Blair a dû intervenir en fixant des règles de maintenance plus strictes, en réinjectant 56 milliards de livres sur dix ans et en renationalisant presque une partie du système, ce qui a permis un renouvellement impressionnant du matériel.

Dans le domaine ferroviaire, le Royaume-Uni est en retard par rapport à ses voisins européens. Contrairement à la France ou à l'Allemagne, le pays n'a aucune ligne à grande vitesse, hormis la ligne Eurostar qui permet de rejoindre Paris en seulement 2 h 15. Le réseau ferré britannique reste largement rayonnant autour de la capitale, les communications province-province étant particulièrement difficiles.

Si la route représente 75 % des flux de marchandises au Royaume-Uni, son réseau autoroutier reste, lui aussi, moins performant que celui d'autres grands pays européens. Les autoroutes britanniques sont entièrement gratuites, mais elles sont largement saturées autour des grandes conurbations. La liaison transversale Liverpool-Leeds (M62) est, elle aussi, surchargée. Le développement du réseau autoroutier et des investissements de la part de l'État sont des revendications récurrentes des territoires locaux en Angleterre, notamment dans les territoires enclavés ou en reconversion.

LE RETARD DU TRAIN BRITANNIQUE

Source : rail.co.uk/eurostar, 2009.

LA BAISSE DE L'OFFRE FERROVIAIRE

Évolution du nombre de voies ferrées et du nombre de passagers de 1900 à 2007

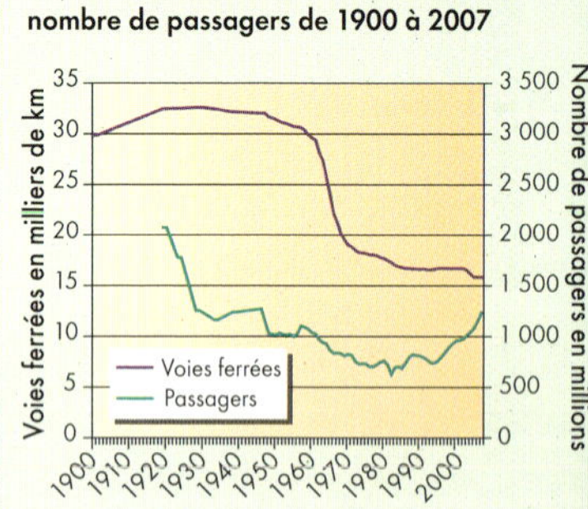

Source : Department for Transport ONS, 2009.

ET PLAQUE TOURNANTE

LES RÉSEAUX DE TRANSPORTS AU ROYAUME-UNI

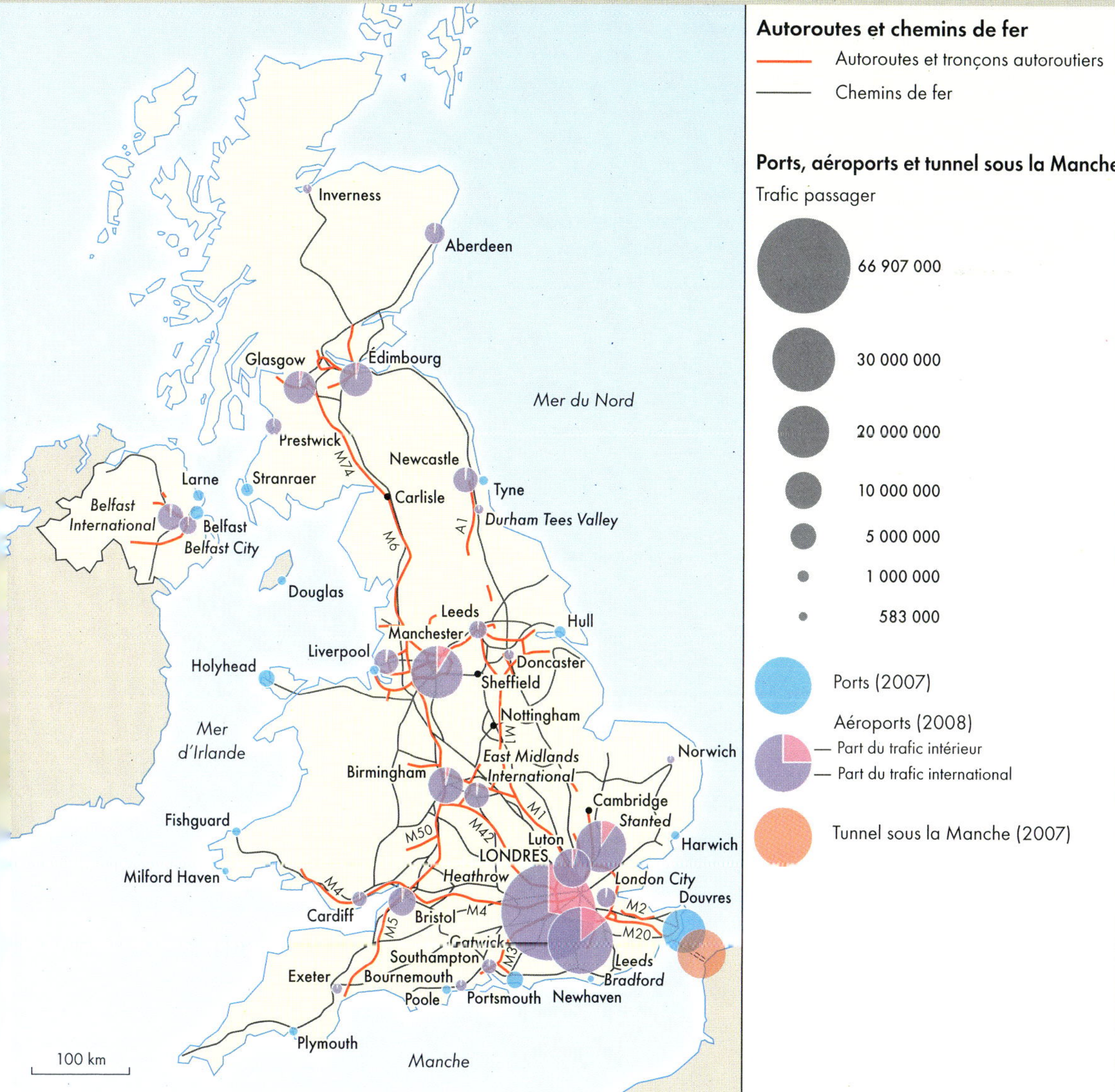

Sources : Civil Aviation Authority, 2009 ; Department for Transport - Office for National Statistics, 2008 ; Atlas Collins, 2005.

Une plateforme portuaire et aéroportuaire

Conséquence de l'insularité du Royaume-Uni, la voie maritime assure 95 % des échanges internationaux de marchandises. Le transport maritime assure aussi une part importante du trafic international de passagers. Même avec la concurrence du tunnel sous la Manche, Douvres reste l'un des principaux ports européens pour le trafic passager et roulier.

Le transport aérien est particulièrement développé au Royaume-Uni pour relier le pays à ses voisins, mais également pour desservir des territoires périphériques. Le Royaume-Uni est le cœur du réseau *low cost* européen, grâce à des compagnies britanniques très dynamiques, qui profitent de règles sociales favorables, mais également d'un marché en expansion. Heathrow est le premier aéroport européen, le 3e mondial en termes de passagers transportés (67 millions en 2008), mais le premier au monde en termes de trafic international (61,5 millions).

> « *Vous et moi, nous circulons en voiture ou en train, mais les économistes voyagent, eux, sur des infrastructures.* »
> MARGARET THATCHER, 1985.

En 2007, les Britanniques ont fait plus de 70 millions de voyages à l'étranger – voyages d'affaires compris – contre 45,9 millions dix ans plus tôt. Cette donnée montre l'influence économique du pays à l'échelle mondiale. Mais le Royaume-Uni attire également des touristes étrangers, malgré la réputation de son climat. Le pays est ainsi la sixième destination touristique mondiale. Le secteur du tourisme est devenu incontournable dans l'économie britannique : il représente 6,4 % du PIB et emploie plus de 2,1 millions de personnes.

Les Anglais, inventeurs du tourisme

Cherchant à fuir le climat pluvieux de leur île, les Anglais sont les premiers à créer les voyages d'agrément : dès le XVIIIe siècle, la jeunesse aristocrate et bourgeoise sillonne l'Europe au gré des saisons : l'hiver dans le Midi (Nice – d'où la célèbre « promenade des Anglais »), l'été à la montagne (Chamonix) ou sur la côte atlantique (Biarritz), favorisant le développement des stations balnéaires (grands hôtels, casinos, restaurants). C'est ce que les Anglais appellent le « grand tour », terme à l'origine du mot « tourisme ». Découlent de ce phénomène de nouvelles activités : la première agence touristique est ainsi créée par Thomas Cook en 1841 et un nouveau type d'édition voit le jour, celle des guides touristiques. Le développement du chemin de fer, qui favorise les liaisons et l'essor économique de la révolution industrielle, contribue au développement du tourisme en Angleterre et dans le même temps en France.

> *Ceux qui disent « On ne tombe amoureux qu'une fois » n'ont jamais visité la Grande-Bretagne une seconde fois.*
>
> SLOGAN DE VISIT BRITAIN (OFFICE DU TOURISME BRITANNIQUE), 2009.

ESPACES PROTÉGÉS ET TOURISME AU ROYAUME-UNI

ET D'UNE SOCIÉTÉ MONDIALISÉES

LE TOURISME CULTUREL

Les cinq premiers musées les plus fréquentés au monde en 2007, en nombre de visiteurs

1. Louvre, Paris : 8 260 000
2. **British Museum, Londres : 5 418 300**
3. **Tate Gallery, Londres : 5 191 800**
4. Metropolitan, New York : 4 339 000
5. Musée du Vatican, Vatican : 4 310 000

Source : *La Tribune*.

Le tourisme britannique, un secteur en forme

Des vallées du Lake District, paradis des randonneurs, à l'héritage historique du site de Stonehenge ou des châteaux médiévaux d'Écosse, en passant par les paysages de Cornouailles, par les landes (Moors) du Yorkshire ou les plages de Brighton, le Royaume-Uni offre une diversité de sites naturels et historiques attirant de nombreux touristes étrangers (32,6 millions en 2007), essentiellement européens (72 %) et nord-américains (14 %). En 2007, les étrangers ont dépensé 37,6 milliards de dollars dans le pays. Londres – avec ses musées, théâtres, opéras de renommée mondiale, mais aussi ses magasins et ses soldes – reste la destination phare des touristes. La capitale récolte ainsi la moitié des revenus du secteur touristique, contre 36 % pour le reste de l'Angleterre et 9 % pour l'Écosse (2008).
Outre le tourisme vert ou urbain, le Royaume-Uni offre un autre attrait : la langue. Avec la domination de l'anglais à l'échelle internationale, de plus en plus d'agences de voyages proposent des séjours ou des colonies de vacances avec cours de langue à l'appui.
En 2009, le secteur du tourisme au Royaume-Uni ne semble pas souffrir de la crise économique. La baisse de la livre face à l'euro au deuxième semestre 2008 rend même le pays plus attrayant : les touristes européens en provenance de la zone euro voient leur pouvoir d'achat augmenter de 21 % et les Américains de 27 %.

Les Britanniques à l'étranger

L'Europe constitue la destination internationale privilégiée des Britanniques (79 % des voyages à l'étranger en 2007), avec en premier lieu l'Espagne (14 millions) et la France (11 millions), bien que le cours de la livre face à l'euro les désavantage sur le continent. Hors d'Europe, les Britanniques vont principalement aux États-Unis (5 millions). De nouvelles destinations africaines ou asiatiques attirent de plus en plus de touristes britanniques, mais restent encore marginales.
Pourtant les Britanniques n'ont pas bonne réputation à l'étranger : ils sont devenus la bête noire des destinations peu chères (Baléares, Crète, Chypre ou villes de l'Est comme Prague), connectées par les vols *low cost*. Inquiet du problème, le Foreign Office enregistre un nombre croissant d'arrestations de compatriotes hors du territoire (5 000 en 2007) pour comportements inappropriés, dégradations ou viols, liés principalement à une consommation excessive d'alcool.

QUI VIENT AU ROYAUME-UNI ?

Principaux pays d'origine des touristes au Royaume-Uni, en 2007

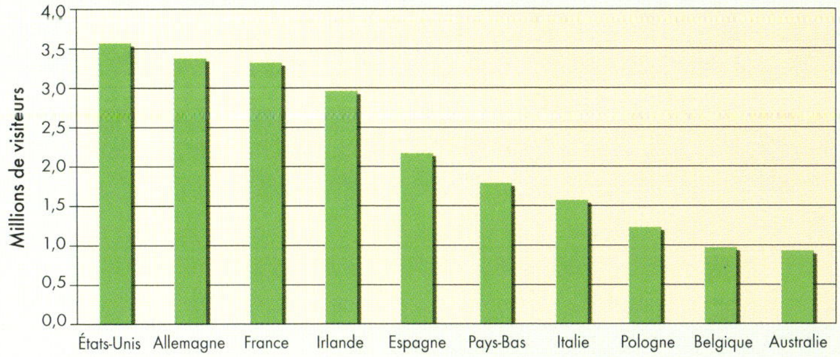

Source : Visitbritain, 2008 ; OMT, 2009.

Bath, le tourisme de santé

Situés dans la vallée de l'Avon, les thermes de Bath, legs romain, ferment dans les années 1970, le National Health Service ne prenant plus en charge le thermalisme jugé inefficient. Mais, en 2002, la création d'un pôle santé, forme et beauté financé par la loterie nationale relance les thermes. Bath attire un nouveau type de tourisme, notamment d'affaires, lié à sa proximité du corridor des hautes technologies de la M4.

OÙ VONT LES BRITANNIQUES ?

Principaux pays de destination des touristes britanniques, en 2007

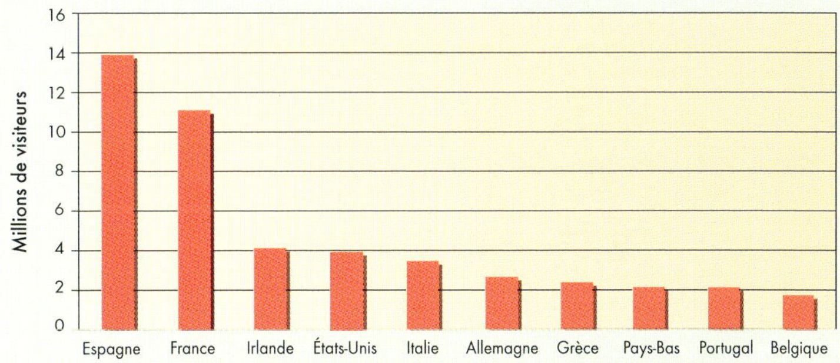

Source : Visitbritain, 2008 ; OMT, 2009.

LA SUPRÉMATIE DE L'ANGLAIS DANS LE

Langue du commerce et des échanges, langue de la diplomatie et des grandes institutions internationales, langue d'Hollywood, de l'information et de la communication, sans oublier aujourd'hui langue d'Internet, l'anglais ne cesse d'étendre sa suprématie à travers le monde. Aucune autre langue ne jouit d'une telle diffusion planétaire. Si le français est souvent présenté comme la langue de l'égalité, l'anglais inspire le non-conformisme et la liberté. C'est la langue des peuples et des États invaincus. Son développement s'est appuyé hier sur le succès impérial du Royaume-Uni et aujourd'hui sur l'hégémonie des États-Unis.

L'ANGLAIS SUR TOUS LES CONTINENTS

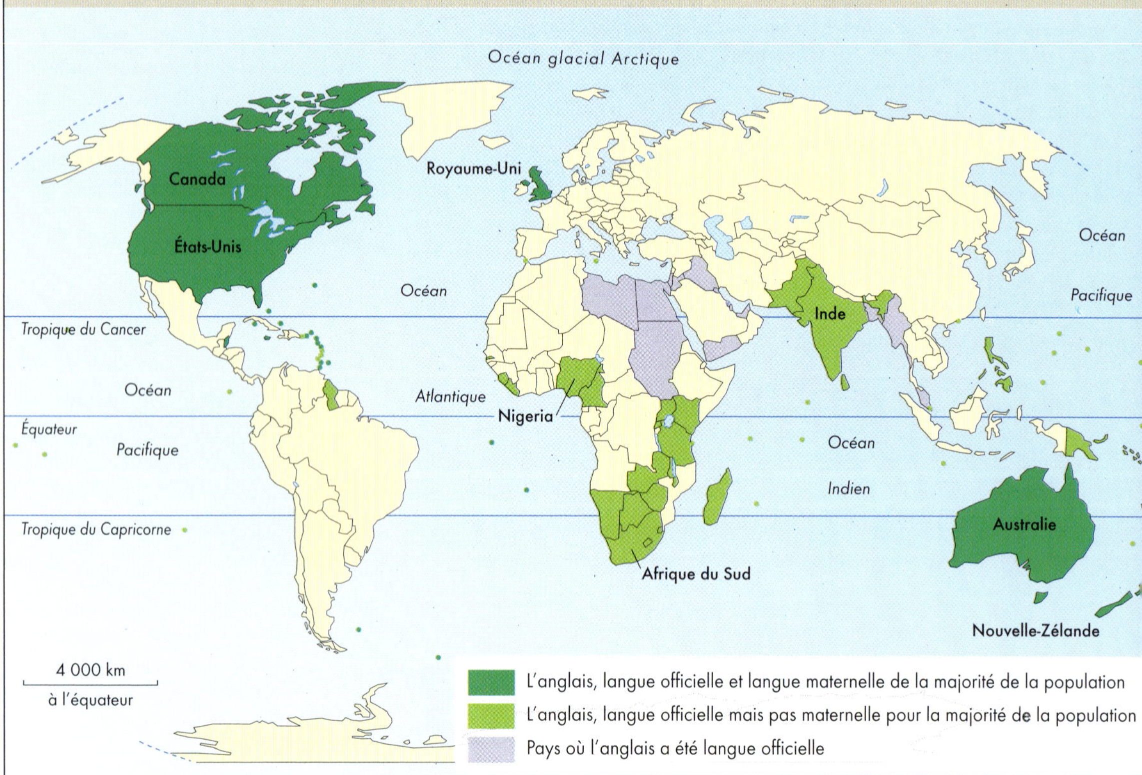

> ***L'anglais a eu une géopolitique assez simple, en tout cas comparable à celle du français. Langue nationale, elle est devenue impériale. Elle tend à devenir universelle, et pas seulement par la géographie.***
>
> **J.-M. Le Breton,**
> **Secrétaire général du Conseil franco-britannique.**

L'anglais face au multiculturalisme britannique

Si l'anglais ne cesse d'étendre sa suprématie à travers le monde, il ne semble pas s'imposer auprès de tous les sujets de Sa Majesté. Dans le cadre du multiculturalisme, les minorités ethniques bénéficient d'un large dispositif de traduction des documents administratifs dans leurs langues d'origine. Un minimum d'anglais n'est donc pas nécessaire pour effectuer la plupart des démarches administratives (demande de logement social, carte électorale, etc.). Cette situation est inimaginable en France où, selon la Constitution, « la langue de la République est le français » : la langue doit être la même pour tous les citoyens, au nom du principe d'« égalité ». Mais c'est au nom de ce même principe que le Royaume-Uni préconise la traduction des documents officiels dans la plupart des langues parlées sur le territoire (hindi, ourdou, cantonais, bengali, etc.), ce afin de rendre la loi accessible à tous.

MONDE

BBC WORLD, « SOFT POWER » BRITANNIQUE

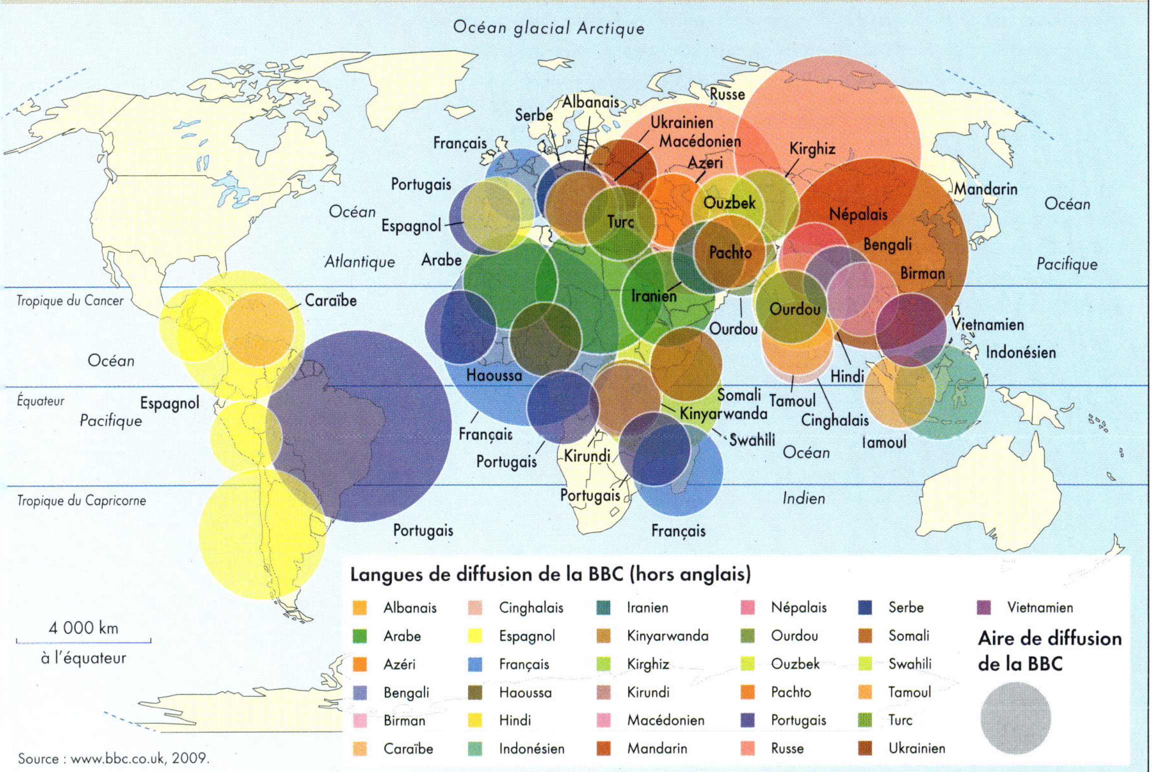

Géopolitique de l'anglais

La langue anglaise est fixée en Angleterre au XVIe siècle au moment de la naissance de l'État moderne et de la scission des Tudor avec la hiérarchie religieuse de Rome. Face au dogmatisme du continent, sous l'influence du catholicisme ou de la Réforme, l'anglais apparaît comme la langue du libre arbitre et du non-conformisme. Au XVIIe siècle, elle entre en concurrence avec le français, qui domine tant à la cour des rois que dans le vocabulaire militaire ou diplomatique.

Mais au XVIIIe siècle, de national l'anglais devient impérial. La suprématie du français s'effrite en raison des succès politiques des peuples de langue anglaise et des victoires successives de l'Angleterre sur la France. La révolution industrielle qui débute au Royaume-Uni contribue également au prestige de l'anglais, la langue du progrès industriel.

Après la Seconde Guerre mondiale, l'anglais est la langue des vainqueurs et tend à devenir langue universelle. Les États-Unis contribuent alors grandement à sa diffusion. L'anglais est devenu incontournable dans l'industrie de la musique, du cinéma ou de la télévision. Mais c'est moins l'anglais de la BBC qui domine que celui de CNN. Il impose sa suprématie dans la diffusion de l'information. Ainsi, hormis l'agence France-Presse, les grandes agences de presse réellement mondiales sont en langue anglaise, comme d'ailleurs les plus grandes chaînes d'information. Al Jazeera, première chaîne internationale en langue arabe, a choisi de créer en novembre 2006 une déclinaison anglophone afin de pouvoir être comprise par les pays non arabophones.

Plus flexible et plus ouverte que le français ou l'espagnol, dont l'évolution est encadrée par des académies, la langue anglaise paraît facile à apprendre et à adapter. Langue d'Internet, du progrès, de la science et de la finance, l'anglais apparaît aujourd'hui comme la langue de la réussite matérielle et de l'innovation, tout en restant la langue de la liberté d'esprit.

PARIS-LONDRES : « *MIND THE GAP!* »

Les agglomérations de Londres et Paris, dépassant chacune les 10 millions d'habitants, rivalisent de stratégie pour attirer touristes, hommes d'affaires et sièges sociaux de grandes multinationales. La concurrence entre ces deux capitales de taille et d'influence comparables stimule des projets urbains toujours plus novateurs, comme l'édification d'une nouvelle génération de tours pour la City et la Défense, un péage à Londres, la rénovation du Tube et bientôt des Vélib' londoniens, le développement du tramway et un nouvel aéroport parisien, l'idée de créer un « Grand Paris » ou la volonté de réviser des limites territoriales de la Greater London Authority née en 2000.

Les multiples défis d'une « ville mondiale »

Londres, métropole moderne et active, symbolisée par le prestigieux « Square Mile » du quartier de la City, appartient au club fermé des trois « villes globales » avec New York et Tokyo. Première place boursière européenne et première plaque tournante aérienne internationale, la ville de Londres a un PIB équivalent à celui du Portugal et une population supérieure à celle de l'Écosse et de l'Irlande du Nord réunies. À l'échelon national, elle est le siège du pouvoir d'un État centralisé, symbolisé par le Parlement de Westminster, le 10 Downing Street et Whitehall. Londres doit aussi répondre aux attentes des 7,2 millions d'habitants car, malgré son statut de ville mondiale et de capitale très compétitive, elle affiche l'un des plus hauts niveaux de pauvreté du Royaume-Uni. En 2005, plus de 50 % des enfants habitant l'Inner London vivaient ainsi en dessous du seuil de pauvreté. Contrairement à Paris, c'est au centre que se concentre une partie des logements sociaux, autour des anciens espaces industriels : ainsi les quartiers les plus riches du pays côtoient les plus pauvres. Cette forte ségrégation socio-économique se double d'une ségrégation ethnique : certains quartiers concentrent parfois plus de 60 % (Newham) de personnes issues d'une minorité. Le maire de Londres doit composer avec les différents statuts de la ville et relever le double défi suivant : permettre à la capitale de conserver son rang mondial en favorisant les projets internationaux (JO, quartiers de bureaux) tout en cherchant à réduire les inégalités en construisant de nouveaux logements. Dans les dix prochaines années, le Grand Londres aura besoin de plus de 350 000 logements pour faire face à l'évolution démographique et résorber les déficits passés. Londres doit également rénover les transports en commun très dégradés. Car si Londres a un statut international qui n'est plus à démontrer, le maire, lui, est élu par les Londoniens et doit donc répondre à leur demande.

« *Londres n'est pas une commune, sans doute parce que le Parlement craint un rival.* »
Élisée Reclus, *Nouvelle Géographie universelle*, tome IV, 1892.

LES DIFFÉRENCES PARIS-LONDRES

	PARIS	LONDRES
Place au classement des villes les plus chères	15e	**5e**
Prix du m² dans le centre	5 867 euros	**10 000 euros**
Ticket de métro zones 1-2	1,50 euro	**5,70 euros**
Taxi (course de 15 km)	25 euros	**50,24 euros**
Lits d'hôpitaux	**9 pour 10 000 habitants**	4 pour 10 000 habitants
Trafics aéroportuaires (en 2006)	82,5 millions de passagers	**125 millions de passagers**
Implantations des sièges sociaux internationaux (en 2006)	192 projets	**250 projets**
Taux d'imposition d'un salaire brut de 150 000 dollars	**30,4 %**	20,1 %
Capitalisation boursière	2 812 milliards d'euros	**2 877 milliards d'euros**
Nombre de sociétés cotées en bourse	1 210	**3 256**
Nombre de conférences et salons internationaux	**294**	128
Nombre de visiteurs par an	**27 millions**	15,2 millions
Deux-trois étoiles au guide Michelin	**23**	6
Nombre de théâtres	156	156
Nombre de musées	150	**240**

Sources : AFII, Cushman&Walkefield, Ernst&Young, *Challenges*, Michelin, 2007.

SUPERFICIES COMPARÉES DES LIMITES ADMINISTRATIVES

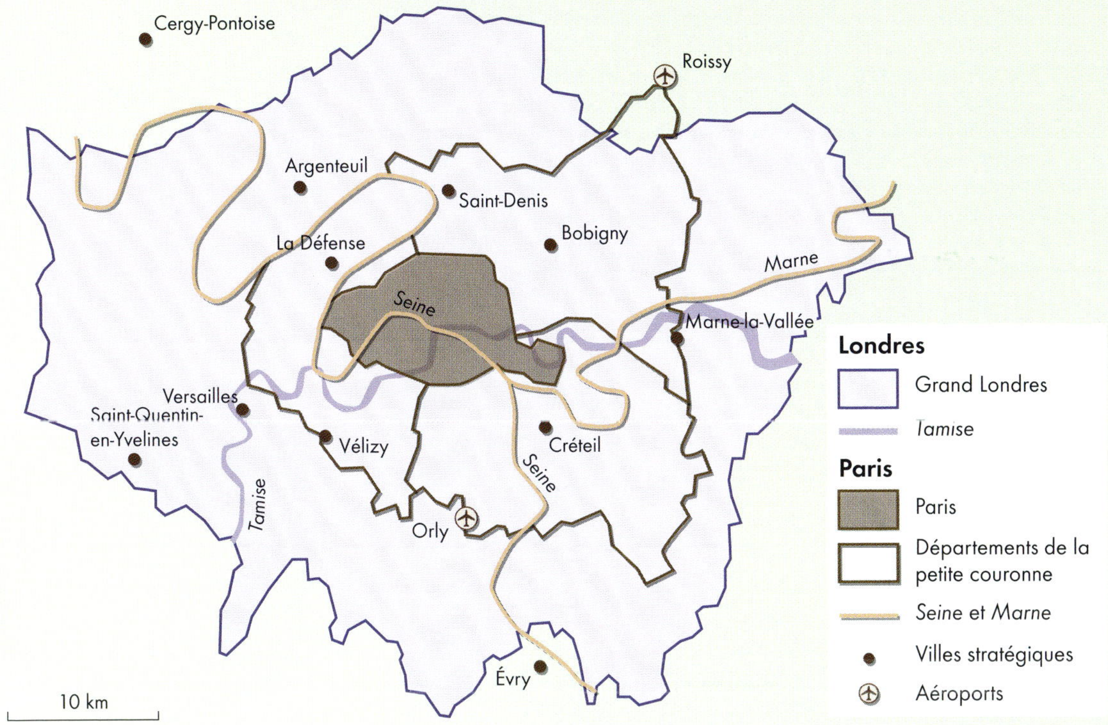

LES AGGLOMÉRATIONS DE LONDRES ET DE PARIS

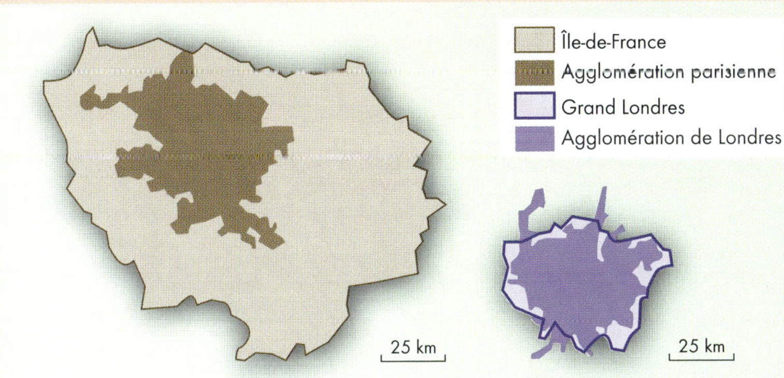

Londres : territoire de pouvoir

Dans le cadre de la dévolution, Tony Blair dote, en 1999, la capitale d'un maire et d'une assemblée de 25 membres élus. Le poste ayant été supprimé par Margaret Thatcher en 1986, Londres n'avait plus de porte-parole depuis quatorze ans, la puissance de ce centre politico-financier ayant toujours fait craindre aux premiers ministres la présence d'un maire. C'est pour cette raison que Tony Blair n'a concédé que des compétences limitées à la Greater London Authority (GLA). Le budget de la GLA est restreint (environ 14 milliards d'euros pour l'année 2007-2008, contre 7,6 milliards pour le budget de la seule mairie de Paris) et réparti entre plusieurs secteurs : 60 % pour les transports, 31 % pour la police, 4 % pour les services de secours, 4 % pour l'agence pour le développement et 1 % pour la GLA elle-même. Bien qu'en 2003 Ken Livingstone, alors maire de Londres, ait imposé un péage urbain rapportant quelques recettes fiscales, la GLA est largement dépendante de l'État, qui lui attribue plus de 80 % de son budget. Le maire doit donc composer à la fois avec les 33 *boroughs* (arrondissements) tous équipés d'importants services techniques et le gouvernement central par l'intermédiaire du Government Office for London qui contrôle les dépenses, le respect des réglementations et l'application des politiques publiques impulsées par l'État. Malgré tout, en huit ans, les compétences de la GLA en matière de logement, de santé, d'aménagement et de politique énergétique. ont été étendues.

La City, cœur économique du Royau

La City a été construite au fond de l'estuaire de la Tamise, là où les bateaux, aidés par la marée, pouvaient pénétrer loin à l'intérieur des terres. Depuis l'époque romaine, cette position conférant un accès direct à l'une des mers les plus fréquentées du globe s'avère stratégique. Avec l'extension coloniale et la révolution industrielle, la City devient le centre mondial des échanges, du négoce et le temple de la finance. Aujourd'hui, le « Square Mile » reste le cœur économique du Royaume-Uni et l'une des premières places boursières du monde. Si la City compte moins de 10 000 habitants, elle emploie plus de 300 000 personnes, dont 63 % dans la finance et l'assurance.

La City médiévale (1350)

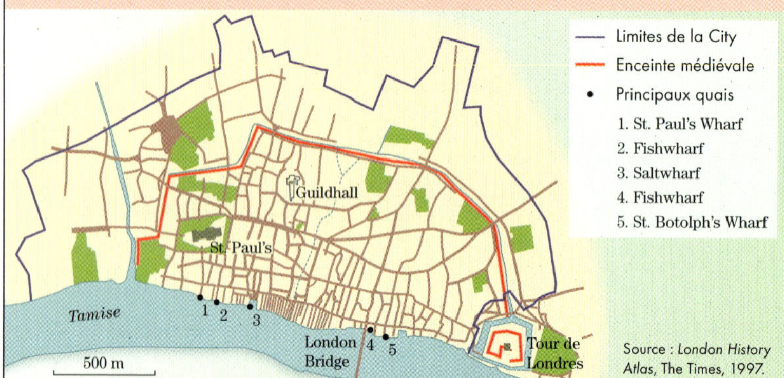

Source : *London History Atlas*, The Times, 1997.

> *Malgré les turbulences actuelles, Londres restera la capitale du capital en Europe.*
>
> Lord Mayor David Lewis, ambassadeur de la City dans le monde, 6 mai 2008.

La City en perpétuelle évolution

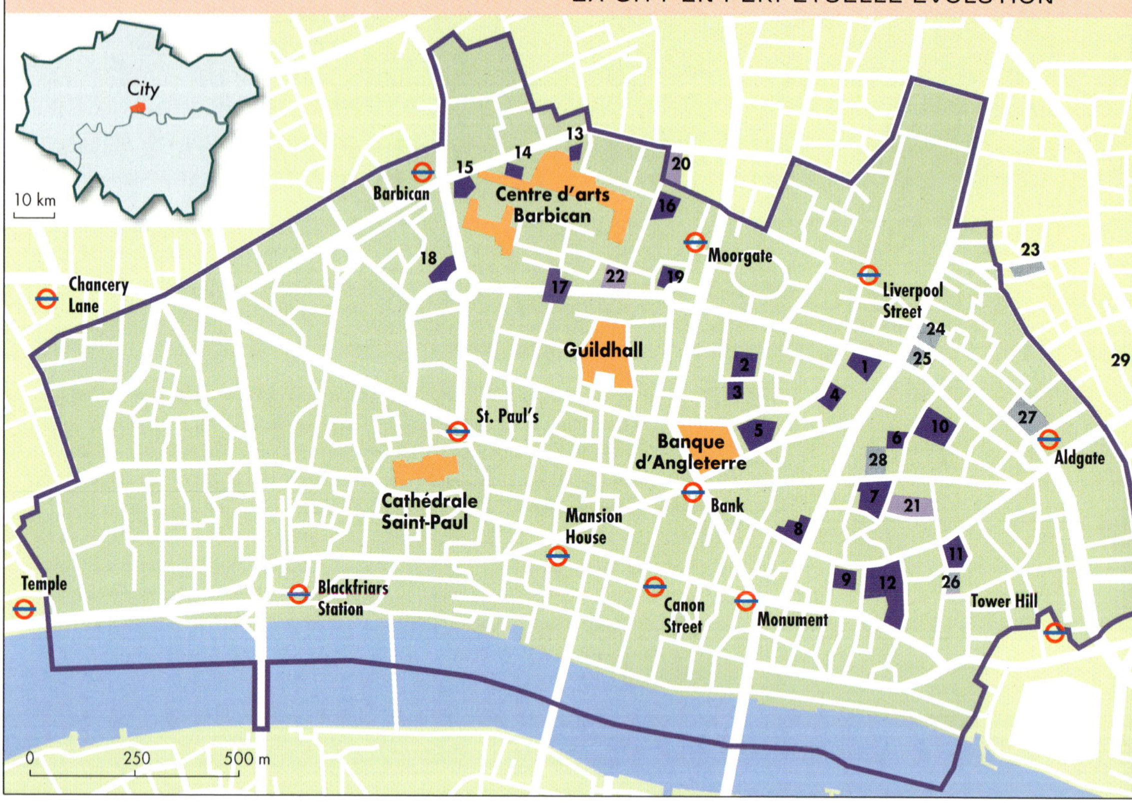

La nouvelle *skyline* de la City

Entre les briques victoriennes des petits immeubles et le verre des gratte-ciel, l'architecture de la City symbolise l'expérience passée et l'adaptabilité constante d'un place financière incontournable depuis des siècles. En 2004, la construction de la tour Swiss Re, conçue par le célèbre architecte Norman Foster, a redessiné la *skyline* de la City. L'immeuble, surnommé le « Gherkin » (Cornichon), a été vendu à la société foncière allemande IVG pour 890 millions d'euros. L'inflation des prix de l'immobilier (+ 20 % pour la seule année 2006) a relancé les projets de tours et, malgré la crise financière de 2009, une vingtaine de nouveaux buildings devraient voir le jour d'ici à 2015. Les plus grands architectes se disputent aujourd'hui le ciel de Londres, comme Renzo Piano avec son « Tesson de verre » ou Richard Rogers avec sa « Râpe à fromage » construite sur les ruines d'un immeuble frappé par l'IRA dans les années 1990.

LONDRES, AU CENTRE DU MONDE

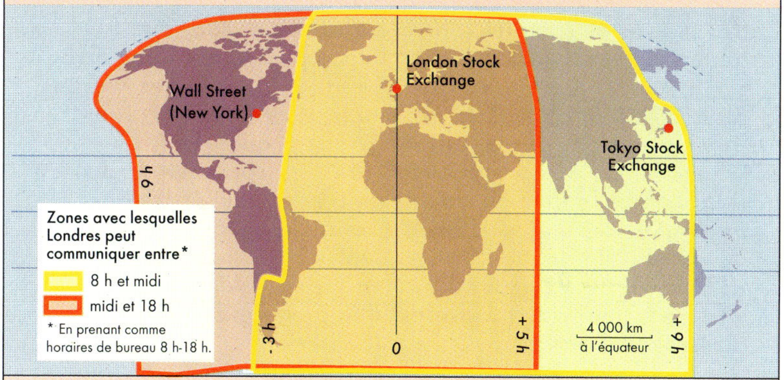

LES TOURS DE LONDRES

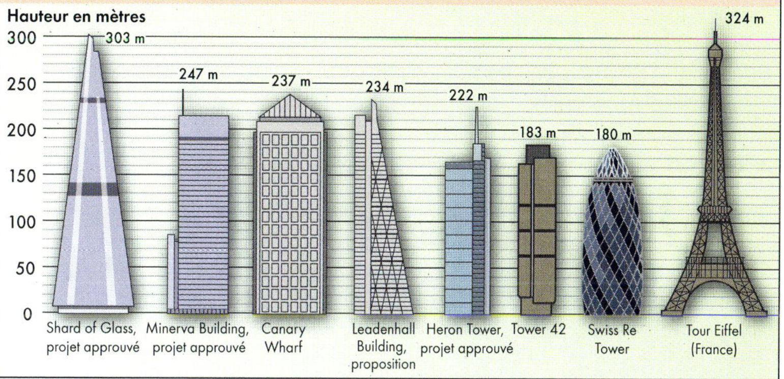

La City

Stations de métro

Bâtiments remarquables

Bâtiments construits

1. 99 Bishopsgate
2. Draper's Gardens
3. Angel Court
4. Tower 42
5. Stock Exchange Tower
6. St. Helens
7. Lloyd's Building
8. 54 Lombard Street
9. 20 Fenchurch Street
10. 30 St. Mary Axe (Swiss Re)
11. 58 Fenchurch Street (AIG Europe)
12. Plantation Place
13, 14, 15. Barbican Towers
16. Citypoint
17. 125 London Wall
18. 200 Aldersgate Street
19. Moor House

Bâtiments en construction

20. Ropemaker Place
21. 51 Lime Street (Willis Building)
22. Royex House

Projets de construction approuvés

23. 100 Middlesex Street
24. Heron Plaza
25. Heron Tower (110 Bishopsgate)
26. 64-74 Mark Lane
27. Minerva Building
28. 122 Leadenhall Street (British Land)
29. 1 Commercial Street

Le « Square Mile » de la City

La City s'incarne avant tout dans le London Stock Exchange (LSE), la Bourse de Londres. Elle figure au premier rang mondial, devant Tokyo pour les activités bancaires et devant New York pour les transactions et le marché des devises. Elle domine également le secteur de l'assurance symbolisé par la Lloyd's. La City accueille la Banque d'Angleterre, plus de 500 banques étrangères en provenance des cinq continents, les sièges sociaux de grandes firmes nationales ou à forte participation nationale, comme Shell ou BP. 75 % des 500 plus grandes compagnies mondiales y possèdent un bureau.

Depuis le Moyen Âge, la City bénéficie d'un statut particulier : son territoire dispose de sa propre administration depuis 886. En 1215, les corporations des grands marchands obtiennent de Jean Sans Terre son autonomie face au pouvoir royal. Les bourgeois de la City gèrent ainsi seuls leurs affaires et élisent leur maire, qui dispose de pouvoirs judiciaires et de sa propre police. La City a conservé en partie cet héritage. Ainsi, elle a toujours son propre maire, qui n'est pas celui de Londres. Celui-ci doit être issu des corporations, aujourd'hui des grandes sociétés. Il assure désormais une fonction d'ambassadeur et contribue au rayonnement de la City parmi les premières places financières internationales.

La réussite de la place de Londres est due à sa forte capacité d'adaptation aux évolutions du marché, notamment l'abolition du contrôle des changes ou la dérégulation initiées par Margaret Thatcher dans les années 1980. La City bénéficie également d'une fiscalité britannique avantageuse. Le statut de l'anglais, principale langue du commerce, lui confère un atout supplémentaire, d'autant plus que la ville, située sur le fuseau horaire de Greenwich, peut dialoguer en temps réel avec l'Asie le matin, New York et Toronto l'après-midi. Malgré ses atouts, la City a été touchée de plein fouet par la crise financière mondiale et devrait perdre 62 000 emplois en 2009.

Le renouveau de Londres

Depuis près de trente ans, Londres cherche à sortir des limites de la zone centrale établies autour des noyaux de la City et de Westminster, qui se partagent dans une égalité revendiquée les affaires et le pouvoir. Les marges au nord-est et au sud de la Tamise, autrefois dévolues aux classes ouvrières, ont longtemps conservé les stigmates du passé industriel. Les espaces laissés vacants par les friches aux abords des gares et sur les berges du fleuve sont aujourd'hui au cœur de programmes de réhabilitation. Londres se dessine une nouvelle carte dont le centre de gravité pourrait bien se déplacer vers l'est avec les Docklands et le développement de Stratford pour les JO de 2012.

Les Docklands

Situés sur les berges de la Tamise, à l'est de la capitale, les Docklands constituaient une friche industrielle de 2 250 hectares, soit près du cinquième de Paris *intra-muros*. Pour attirer les investisseurs et faire concurrence au quartier de la Défense, Margaret Thatcher a lancé un programme d'aménagement, l'Urban Development Corporation (UDC). D'un point de vue économique, l'UDC avantage les promoteurs et les investisseurs sur le plan de la fiscalité. D'un point de vue politique, elle permet également aux acteurs du programme, nommés par l'État et responsables devant lui seul, de ne plus tenir compte du droit local en matière d'urbanisme. Si elle permet une rénovation urbaine efficace et rapide en termes économiques, cette opération est un échec au niveau social. Les emplois et les logements proposés sont peu accessibles aux habitants du quartier et les caractéristiques économiques intrinsèques du projet favorisent peu la mixité sociale. Ce n'est pourtant pas l'opposition locale qui a ralenti l'opération dans les années 1990, mais l'éclatement de la bulle spéculative qui a momentanément gelé la rénovation. La reprise a permis de sauver l'opération ; Canary Wharf, le site principal, accueille à présent des sièges de multinationales, de banques, de grandes sociétés d'édition et de presse, et se diversifie en attirant des établissements d'enseignement supérieur comme l'University of East London.

Situation

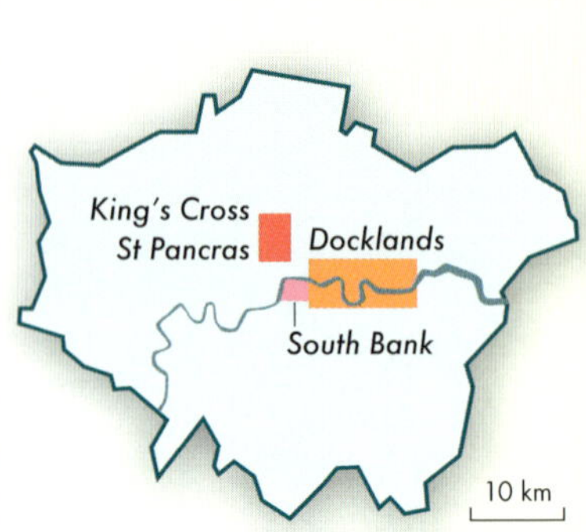

La South Bank

La South Bank s'étire sur la rive droite de la Tamise entre le Tower Bridge et Westminster. Longtemps délaissée, elle forme aujourd'hui un vaste ensemble touristique. Sa réhabilitation a commencé avec la construction pour le couronnement d'Élisabeth II en 1952 du Royal Hall et s'est poursuivie en 1977 par le jardin du Jubilee. Ce n'est pourtant que depuis une dizaine d'années que la rive sud a pris son essor, grâce aux fonds de la loterie nationale destinés aux projets culturels. Elle accueille désormais musées, salles de concert, théâtres, dont le plus emblématique est le très shakespearien Globe Theater. La reconversion de la centrale électrique de Bankside en musée d'art moderne montre la capacité des Anglais à faire cohabiter le passé et le présent, tandis que les prouesses techniques du London Eyes, grande roue de 57 mètres, et du Millenium Bridge imaginé par Norman Foster inscrivent résolument la capitale dans le XXIe siècle.

Les Docklands

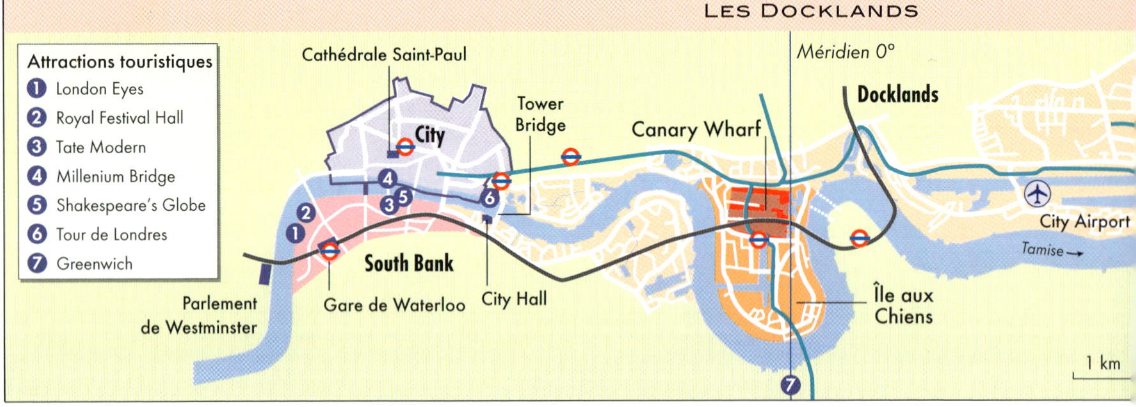

LA RÉNOVATION URBAINE DU GRAND LONDRES

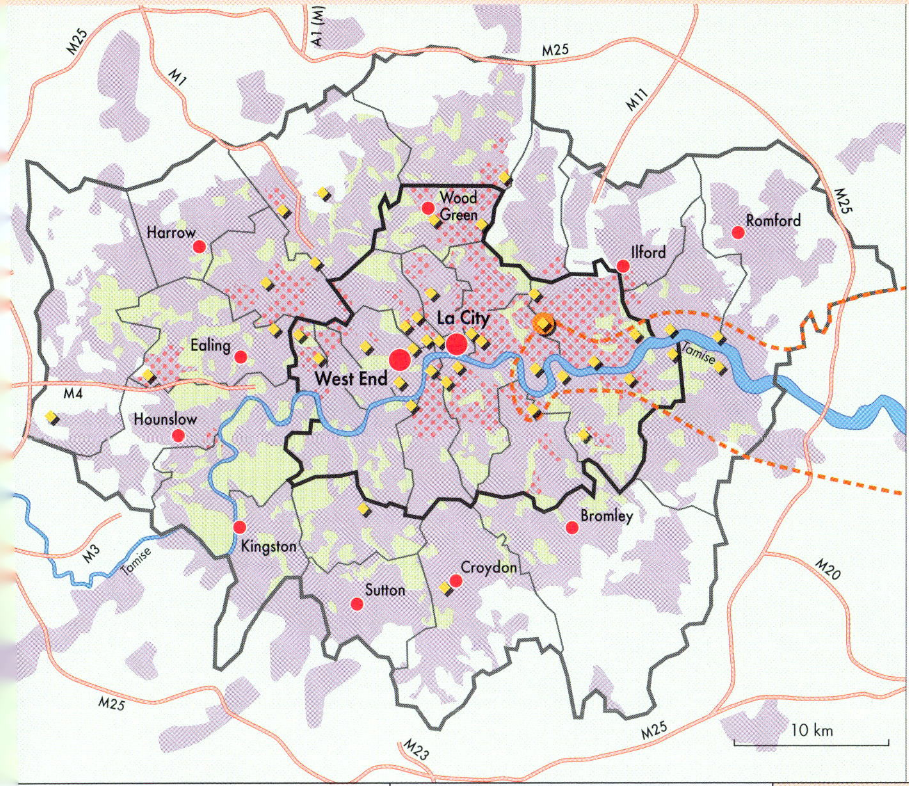

> ***La renaissance urbaine, c'est faire de la ville un espace où les gens veulent vivre, plutôt qu'un espace d'où les gens veulent s'échapper.***
>
> **LONDON PLAN, GLA, 2002.**

- Les Docklands
- Zone de bureaux
- La City
- Zone touristique de la South Bank
- Bâtiments remarquables
- Stations de métro
- Docklands Light Railway (ligne rapide, ouverte en 1987)
- Jubilee Line (ligne de métro ouverte en 1998)
- Aéroport

King's Cross-St Pancras

Le quartier des gares de King's Cross et de St Pancras, aujourd'hui terminus Eurostar, a longtemps été un haut lieu de la prostitution et de la drogue, enregistrant le plus fort taux de criminalité de Londres. En 1988, la société British Rail, déjà très endettée, doit céder une friche de 54 hectares pour financer un terminus Eurostar. La population locale s'oppose au projet de réhabilitation, craignant la gentrification du quartier. Pour favoriser le dialogue, John Major crée un partenariat public-privé pour favoriser la concertation entre les acteurs locaux (police, urbanistes, résidents, etc.). La rénovation du quartier ne débute finalement qu'en 1995 autour d'un aménagement mixte alliant logements, bureaux et commerces. En 2007, St Pancras International (coût : 1,15 milliard d'euros) est inaugurée et forme avec la gare voisine le nœud de communication le plus important d'Europe (50 millions de passagers par an).

KING'S CROSS

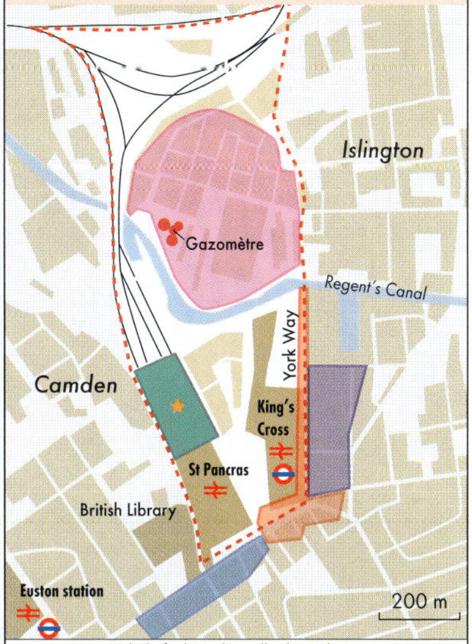

- Limite de la friche industrielle de 54 hectares, King's Cross Railway Land
- Zone de prostitution et de drogue jusqu'à la fin des années 1990
- Anciens bâtiments industriels en reconversion
- Zone hôtelière construite au début des années 2000
- Nouvelle zone économique et de logement de standing (début 2000)
- Extension de la gare de St Pancras ouverte en novembre 2007
- Future zone de développement de bureaux sur la friche industrielle de l'ancienne British Rail
- Métro
- Train
- Eurostar

LONDRES, ENTRE « MELTING-POT » ET

Londres est souvent considérée comme la ville la plus cosmopolite du monde. Un Londonien sur quatre est né en dehors du Royaume-Uni, plus de 300 langues y sont parlées, plus de 40 communautés de plus de 10 000 membres sont recensées : une diversité qui confère à la ville une richesse culturelle peu égalée. Le cosmopolitisme des habitants se traduit géographiquement par une forte ségrégation ethnique qui n'est pas toujours vécue comme un échec d'intégration mais au contraire comme le moyen de valoriser les différences culturelles. Pour autant, les émeutes raciales et les attentats de Londres en 2005 révèlent un possible malaise identitaire.

LES « WHITES » À LONDRES

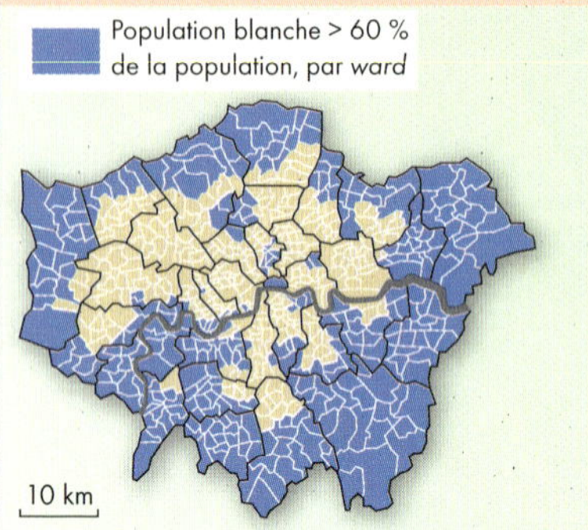

Source : Office for National Statistics, recensement 2001.

Le « Banglatown » : du multiculturalisme au communautarisme

Depuis dix ans, le quartier bangladais de Brick Lane fait l'objet d'un projet urbain original fondé sur le caractère ethnique de sa population. La municipalité travailliste, soutenue financièrement par l'État, a rénové les façades des restaurants de curry, traduit le nom des rues en bengali et transformé le mobilier urbain, créant un « Banglatown » qui attire les touristes. Ce quartier modèle selon l'État met cependant en lumière les contradictions des politiques multiculturelles britanniques. L'East London Mosque et les associations musulmanes exercent un fort contrôle social. La municipalité, au nom de la tolérance et par stratégie électorale (un tiers des habitants sont musulmans), finance des écoles et des services sociaux islamiques au risque d'enfermer les musulmans dans un ghetto religieux et de confondre multiculturalisme et communautarisme.

La « vallée des grenouilles »

Outre les 100 000 Français qui travaillent comme serveurs pour apprendre l'anglais, près de 38 000 (en 2001), hautement qualifiés, travaillent dans la finance ou le BTP dans l'une des 1 850 sociétés françaises. Concentrés dans les quartiers huppés de Chelsea et Kensington, ils forment autour de l'ambassade, de l'Institut français et du lycée Charles-de-Gaulle une communauté organisée baptisée par les Anglais la « *Froggy Valley* » !

> *The world in one city.*
>
> SLOGAN DE LA VILLE DE LONDRES POUR LES JO DE 2012.

LE QUARTIER FRANÇAIS

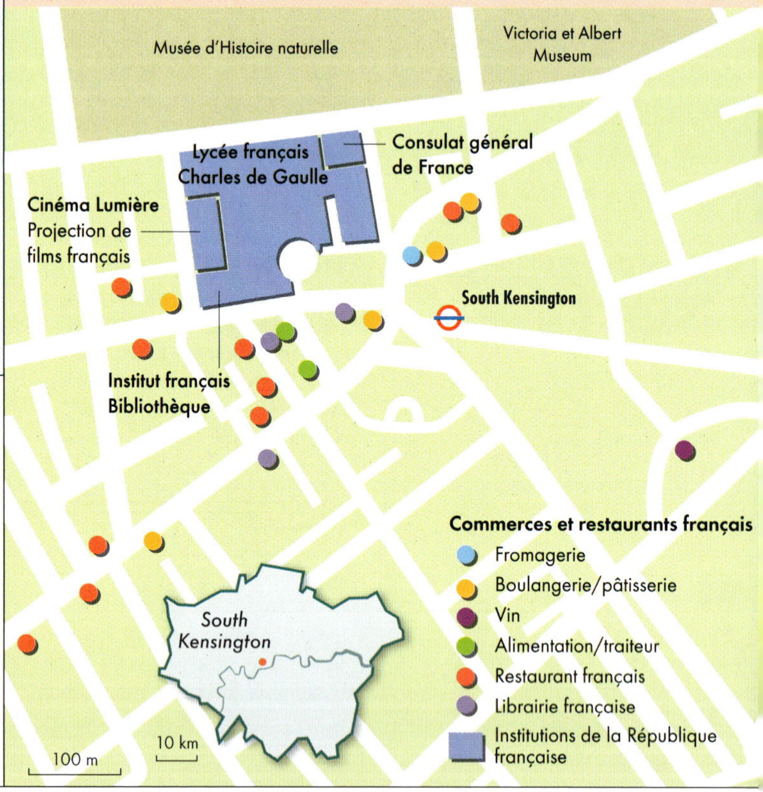

« Rubik's Cube »

United Colors of London

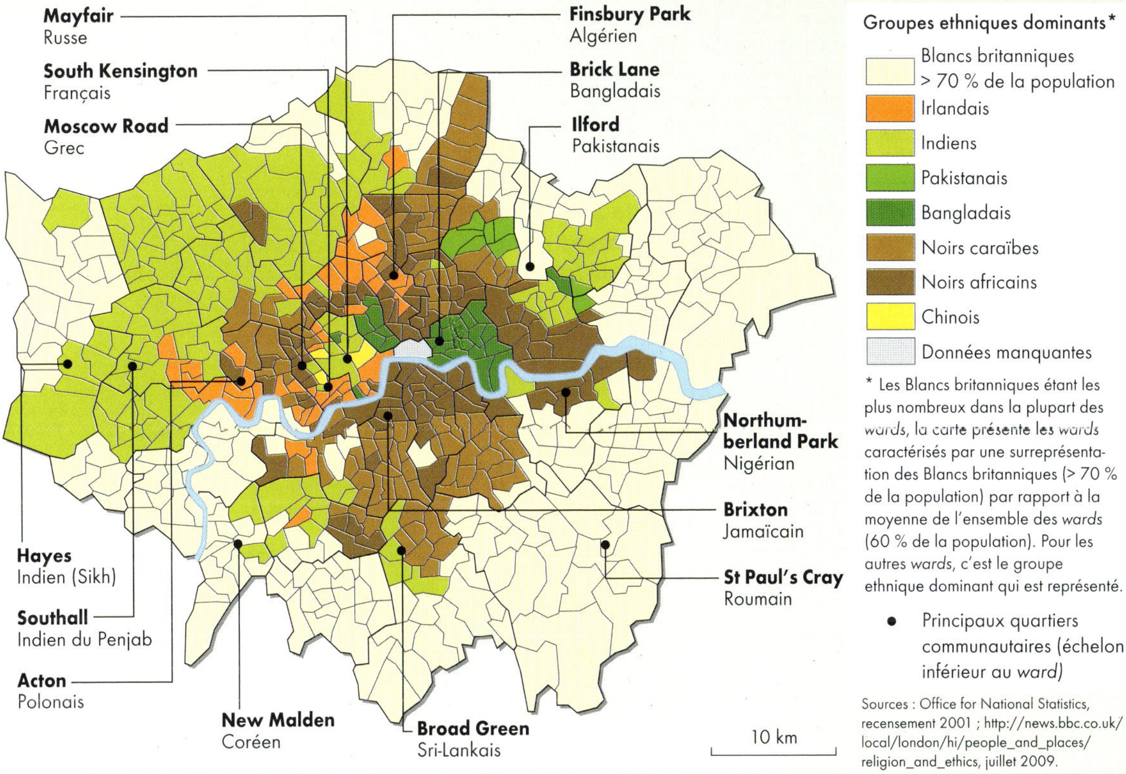

Sources : Office for National Statistics, recensement 2001 ; http://news.bbc.co.uk/local/london/hi/people_and_places/religion_and_ethics, juillet 2009.

Londres : une communauté de communautés

La composition géographique des communautés ethniques à Londres est le fruit de plusieurs vagues de migrations qui ont débuté après la Seconde Guerre mondiale.

À la fin des années 1940, le secteur public britannique coordonne l'arrivée de Caraïbes avec l'aide des agences d'emploi locales dans les îles. Arrivés au plus fort de la crise du logement, ces Antillais s'entassent dans les taudis des quartiers pauvres de Lambeth et Lewisham. Avec la diminution de l'emploi dans les années 1960, ces flux se tarissent. Aujourd'hui, la minorité caraïbe est toujours concentrée dans ces quartiers et représente 5 % des Londoniens (2006).

Viennent ensuite des populations issues de l'empire : Inde, Pakistan puis Bangladesh (aujourd'hui 13,1 % des Londoniens). Souvent confondues, ces populations sont pourtant d'une grande diversité religieuse, culturelle et linguistique. La minorité indienne est composée de sikhs originaires du Penjab, issus de la classe moyenne, et d'hindous originaires du Gujarat, qui ont bénéficié d'une éducation en Inde et exercent souvent des professions libérales à Londres. À l'inverse, la minorité pakistanaise, issue des districts montagneux de l'ouest du Pakistan, a fui l'instabilité du pays après sa création en 1947. D'origine très modeste, souvent rurale, les Pakistanais occupent les emplois les moins qualifiés. Les Bangladais sont, eux, arrivés tardivement, à la suite de la partition du Pakistan en 1971. Originaires de Sylhet (nord-est du Bangladesh), ils sont musulmans, parlent le même dialecte et forment une communauté très homogène, concentrée dans les quartiers de King's Cross et de Brick Lane.

Les Chinois sont majoritairement originaires de Hongkong. Ils ont d'abord fui le communisme dans les années 1950 par le biais de l'enclave britannique et sont ensuite venus travailler dans la blanchisserie et la restauration à Londres. Dans les années 1980, les nouveaux arrivants n'ont plus le même profil : très qualifiés, ils aspirent à des postes de haut niveau, souvent dans les nouvelles technologies. À ceux-là se sont ajoutés les hommes d'affaires de Hongkong qui, après la rétrocession de la colonie à la République populaire de Chine en 1997, ont souhaité migrer à Londres, bénéficiant à l'époque de la citoyenneté britannique pleine et entière accordée par Margaret Thatcher.

Les premières grandes migrations africaines datent des années 1950. Les Noirs africains (7 % des Londoniens) connaissent une forte croissance, qui s'explique à la fois par un taux de natalité élevé (4,5 enfants par femme) et par l'affluence de réfugiés politiques fuyant les guerres civiles (Nigeria, Ouganda, Somalie, Sierra Leone, etc.).

Aujourd'hui, les nouveaux venus sont les réfugiés des derniers conflits (Kosovo, Afghanistan, Irak, etc.), Londres restant l'« eldorado » européen.

En 2008, 40 % des Londoniens étaient issus d'une minorité ethnique.

UNE VILLE MULTICONFESSIONNELLE

Les milliers de migrants qui se sont installés à Londres dans la seconde moitié du XXe siècle sont venus avec leur propre culture religieuse. La ville s'est adaptée à ces évolutions, et de nouveaux édifices religieux ont poussé dans les quartiers peuplés d'immigrés. Certains lieux de culte se sont transformés au gré des flux migratoires comme le temple huguenot de l'East End, converti en synagogue puis en mosquée. La ville revendique cette richesse confessionnelle et le calendrier des festivités londoniennes est régulièrement ponctué de célébrations religieuses cofinancées par la mairie.

Londres, carrefour religieux

Longtemps dominée par le christianisme, Londres compte des centaines d'églises, cinquante rien que dans la City, dont la plus connue est la cathédrale Saint-Paul. Si au recensement de 2001, 58,2 % des Londoniens se déclarent « chrétiens », la pratique de la religion est plus faible chez les anglicans que chez les orthodoxes et les catholiques, majoritairement d'origine irlandaise. La présence de nombreuses minorités ethniques a multiplié les religions et les lieux de culte à Londres. Les musulmans forment la deuxième communauté et représentent 8,5 % des Londoniens. L'hindouisme (4,1 % des Londoniens), importé dans les années 1950-1960, est implanté dans le nord-ouest de la capitale, dans les *boroughs* de Harrow et Brent. C'est là que se trouve le temple Neasden, le plus grand d'Europe, sculpté en Inde et assemblé pièce par pièce à Londres. Il a été financé par une organisation religieuse indienne, le BAPS. Les sikhs (1,5 %) se trouvent aussi dans l'ouest et l'est de la ville. En 2003, ils ont inauguré le Gurdwara Sri Guru Singh Sabha Southall, le plus grand temple sikh hors d'Inde. Financé par les croyants, l'édifice d'une superficie de 6 000 m² peut accueillir 3 000 personnes. Enfin, la communauté juive (2,1 %), implantée depuis longtemps dans la capitale, a quitté ses quartiers historiques de l'East End pour se concentrer au nord de la ville, à Stamford Hill et à Golders Green.

LES COMMUNAUTÉS RELIGIEUSES À LONDRES

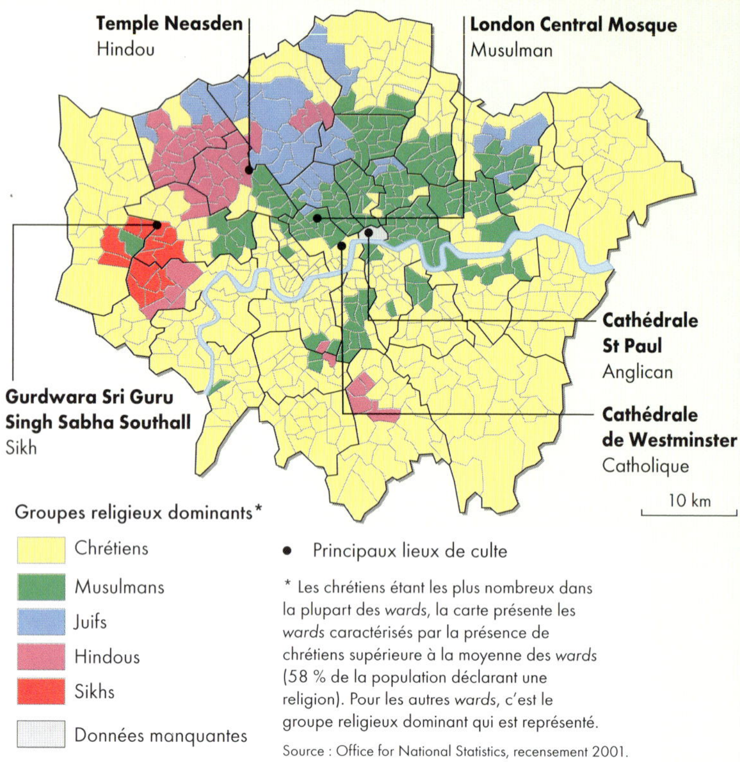

* Les chrétiens étant les plus nombreux dans la plupart des *wards*, la carte présente les *wards* caractérisés par la présence de chrétiens supérieure à la moyenne des *wards* (58 % de la population déclarant une religion). Pour les autres *wards*, c'est le groupe religieux dominant qui est représenté.

Source : Office for National Statistics, recensement 2001.

> ***Dans une société pluriculturelle comme celle de la Grande-Bretagne, je préférerais être le défenseur des fois chrétienne, musulmane, juive et hindoue.***
>
> **PRINCE CHARLES, PROBABLE FUTUR CHEF SUPRÊME DE L'ÉGLISE ANGLICANE.**

Les musulmans à Londres

Les 600 000 musulmans de Londres – de l'épicier pakistanais de Waltham Forest à l'émir du Golfe de Westminster en passant par le réfugié du Kosovo de Camden – forment une communauté sans réelle homogénéité linguistique, culturelle, identitaire ou sociale. Leur influence est cependant considérable dans une ville qui leur propose mosquées, commerces, restaurants, abattoirs hallal, services spécifiques dans les hôpitaux, cimetières ou écoles religieuses financées par l'État depuis 1998. La vie culturelle et médiatique musulmane est intense à Londres. Des banques proposent même des produits financiers conformes à la *charia*, dans une ville en passe de devenir, selon les vœux de Gordon Brown, le « portail occidental de la finance islamique ». Enfin, les grands partis créent des « commissions musulmanes » pour séduire cet électorat qui avait massivement soutenu Ken Livingstone aux élections de 2008, derrière le slogan « *Muslim 4 Ken* ».

LES MUSULMANS À LONDRES

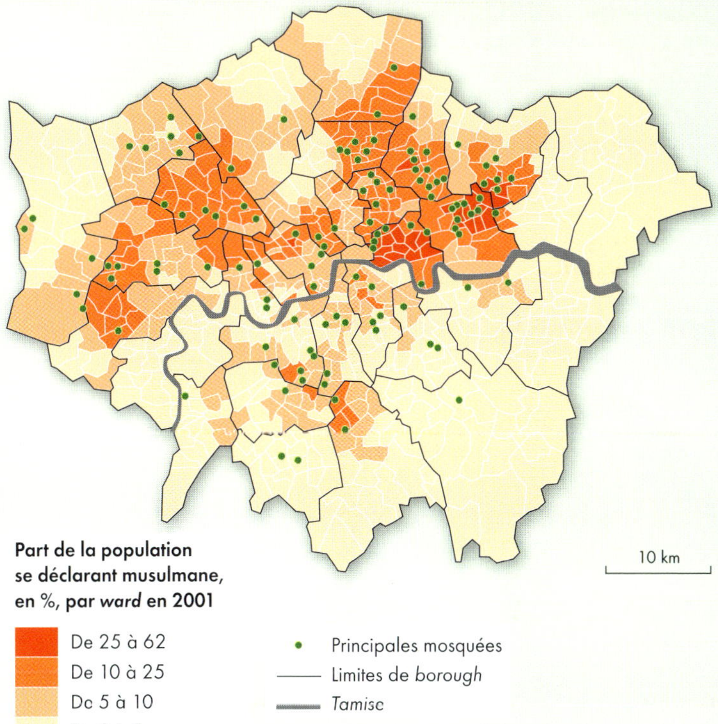

Source : Greater London Authority, 2006.

L'ORIGINE GÉOGRAPHIQUE DES MUSULMANS DE LONDRES

Pays de naissance des musulmans à Londres en %, en 2001

Source : Office for National Statistics, recensement 2001.

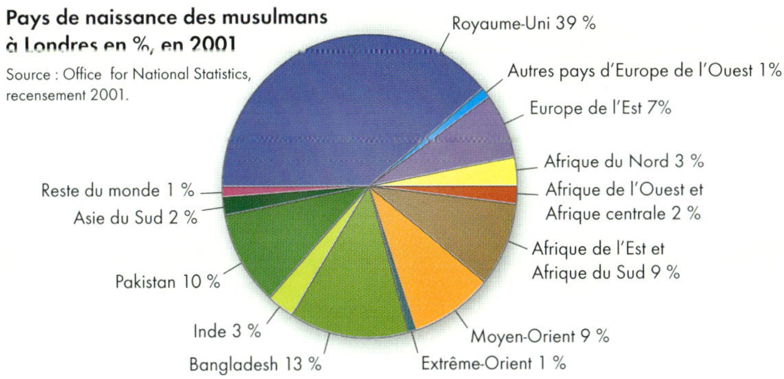

Du « Londonistan » aux attentats du 7/7

Jusqu'aux attentats du 11 septembre 2001, le Royaume-Uni collabore peu à la lutte contre les terroristes islamistes. Au nom de la liberté d'expression, les autorités laissent des imams radicaux prêcher le *jihad*. Dans les années 1990, les mouvements les plus radicaux – des Frères musulmans aux salafistes djihadistes – y trouvent refuge, c'est le « Londonistan ». La capitale leur offre en effet nombre d'avantages : 600 000 musulmans y vivent ; la City, paradis fiscal, abrite les fortunes du Golfe ; les médias islamiques offrent une tribune unique ; et la politique d'asile est plus souple qu'ailleurs. Avec l'engagement dans la lutte contre le terrorisme, l'État procède à une série d'arrestations entre 2003 et 2005, laissant place à de nouveaux groupuscules inconnus des services secrets. Ainsi, en 2005, les attentats de Londres n'ont pu être détectés et, contrairement à ceux de New York et de Madrid, leurs auteurs n'étaient pas des étrangers mais quatre Britanniques, d'origine pakistanaise et jamaïcaine.

LES ATTENTATS DE JUILLET 2005

LES JEUX OLYMPIQUES DE 2012

La ville de Londres s'apprête à accueillir un événement planétaire en 2012 : les Jeux olympiques. Ce coup de projecteur dont rêvait Paris est devenu un cauchemar pour les Londoniens. D'une part, les attentats du 7 juillet 2005, survenus dès le lendemain de la désignation par le CIO, ont endeuillé leur fête. D'autre part, le budget initialement annoncé a été multiplié par trois en quelques mois. Malgré les créations d'emplois, les perspectives de logements et la vision d'un urbanisme « durable », les Britanniques, lourdement touchés par la crise financière, s'interrogent sur la pertinence de ce projet.

> *Si nous avions su ce que nous savons maintenant [la crise financière], aurions-nous postulé pour accueillir les JO ? Il est quasiment certain que non.*
>
> TESSA JOWELL, MINISTRE EN CHARGE DES JEUX, *DAILY TELEGRAPH*, 12 NOVEMBRE 2008

LES SITES QUI ACCUEILLERONT DES ÉPREUVES

Sources : www.london2012.com ; www.propertyinvesting.net.

Plus haut, plus vite, plus cher !

En 1908 et 1948, Londres a déjà organisé les Jeux olympiques dans les quartiers de Shepherd's Bush et Richmond, situés dans l'ouest de la capitale. En 2012, le site olympique est cette fois prévu dans l'est, à Stratford, et nécessite la construction de nouvelles infrastructures. Initialement, les autorités avaient prévu un budget de 1,2 milliard de livres pour les infrastructures, 1,5 milliard pour l'événement et 200 millions pour la sécurité.

Les jeux sont financés par les impôts locaux (635 millions de livres), l'Agence de développement de Londres (250 millions), la loterie nationale (1,5 milliard), les sponsors et droits de diffusions (1 milliard) et la billetterie (300 millions). Mais en mars 2007, le budget est révisé à la hausse : le gouvernement n'avait pas prévu que les travaux seraient assujettis à la TVA. En outre, il a fallu y ajouter un fonds pour les imprévus, représentant 60 % du coût des infrastructures. Enfin, après les attentats, le budget sécurité a été multiplié par trois. Le montant total en février 2009 atteignait 9,325 milliards de livres, un surcoût difficile à assumer en pleine crise financière internationale. Des coupes budgétaires ont déjà été effectuées en particulier dans les autres projets de la capitale. Le Thames Gateway, programme de reconversion des friches industrielles de l'estuaire de la Tamise par la construction de milliers de logements, a été le premier à en pâtir.

LE SITE OLYMPIQUE DE STRATFORD

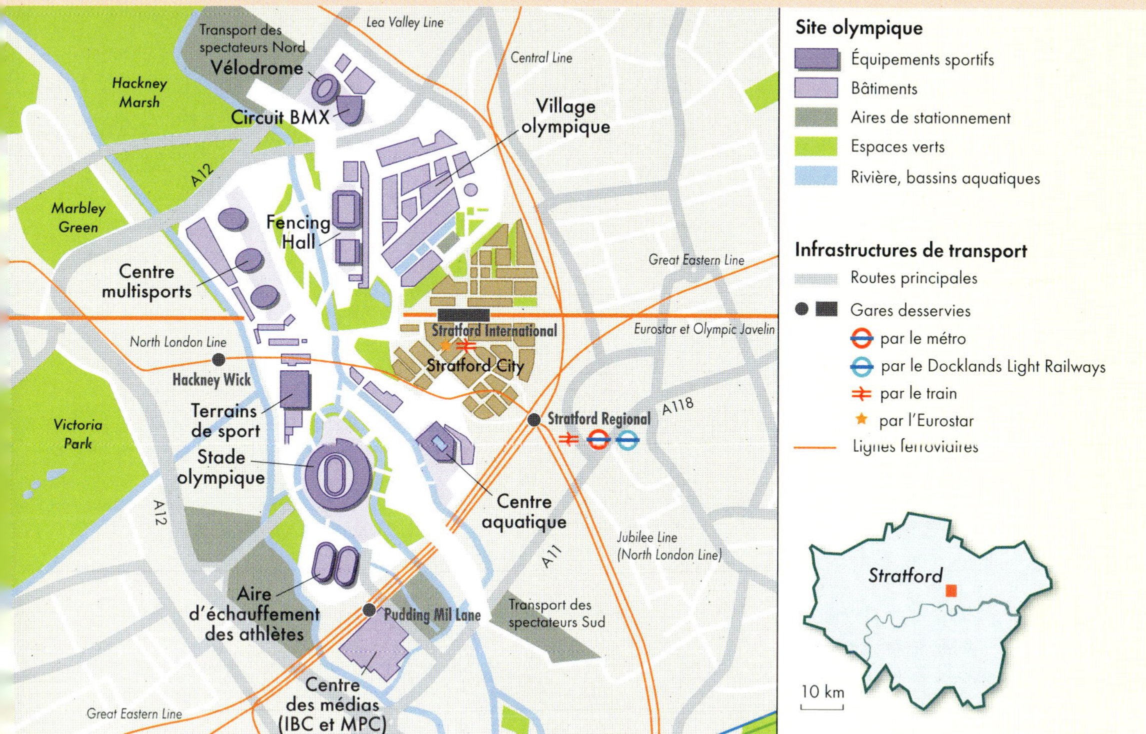

Sources : www.london2012.com ; www.propertyinvesting.net.

Revaloriser l'est londonien

Le choix du site de Stratford répond à un double objectif : redynamiser un quartier marqué par la désindustrialisation et opérer à un rééquilibrage socio-économique de la capitale vers l'est. Stratford bénéficie de plusieurs atouts : une grande accessibilité avec l'autoroute A12, trois lignes de métro, trois compagnies ferroviaires, l'Eurostar depuis fin 2007 (plaçant le quartier à 7 minutes de la gare de St Pancras) et une proximité géographique avec les Docklands (90 000 emplois).

Deux autorités sont en charge de l'aménagement : l'Olympic Delivery Authority (ODA), dont le rôle est de déblayer l'ancienne zone industrielle et de recycler un maximum de matériaux, et la London Development Agency (LDA), qui doit planifier la conversion ultérieure du site et des infrastructures olympiques.

Organisé autour des voies d'eau de la Lea Valley, l'aménagement du site olympique de Stratford se veut « durable ». Une large place est réservée aux espaces verts, les véhicules sont interdits et les immeubles devraient produire une partie de leur énergie grâce à l'installation d'éoliennes. L'aménagement se veut également modulable : une partie des infrastructures est pensée pour être transformée après l'événement. Ainsi le village olympique sera reconverti en logements à loyers modérés pour les infirmières ou les enseignants londoniens. La réussite de ce renouveau urbain reste néanmoins liée à sa capacité future à attirer des entreprises créatrices d'emplois pour la population locale.

À terme, ce quartier devrait être le pôle d'impulsion amorçant le développement du Thames Gateway dans un plan de rééquilibrage ouest-est de la capitale.

Chronologie

De la préhistoire à l'âge du fer

6000 av. J.-C. La Grande-Bretagne est séparée du continent européen et devient une île.

4500 av. J.-C. Introduction de l'agriculture, premières sédentarisations.

3300-1100 av. J.-C. Construction de Stonehenge et de monuments comparables.

2500 av. J.-C. Introduction du travail du fer.

1800 av. J.-C. Apparition des premières mines.

1200-800 av. J.-C. Apparition de la culture celtique et des premiers royaumes tribaux.

800 av. J.-C. Construction des premières places fortes.

100 av. J.-C. Apparition de la monnaie.

Grande-Bretagne romaine

55 av. J.-C. Jules César entame la conquête de la Grande-Bretagne.

122 apr. J.-C. Hadrien ordonne la construction d'un mur pour défendre le *limes* romain contre les raids des tribus calédoniennes.

407 Les troupes romaines quittent la Grande-Bretagne.

Les Vikings et les Anglo-Saxons

432 Patrick commence sa mission de christianisation en Irlande.

449 Arrivée des Angles et des Saxons dans le sud-est de la Grande-Bretagne.

565 Fondation du monastère d'Iona en Écosse.

597 Augustin commence sa mission de christianisation en Angleterre.

731 Bède termine son *Histoire ecclésiastique du peuple anglais*.

789 Premières attaques vikings en Grande-Bretagne.

843 Naissance du royaume d'Écosse.

867 Les Vikings prennent York.

927 Premier royaume d'Angleterre unifié.

1042 Édouard le Confesseur est roi d'Angleterre.

La Grande-Bretagne médiévale

1066 Guillaume le Conquérant devient roi d'Angleterre ; début de la conquête normande.

1096 Fondation de l'université d'Oxford.

1171 Le roi Henri II Plantagenêt débarque en Irlande et entament la conquête de l'île.

1175-1541 Le pays de Galles passe progressivement sous souveraineté anglaise.

1259 Le traité de Paris institue les possessions anglaises en France.

1282 Édouard Ier annexe le pays de Galles.

1305 Le rebelle écossais William Wallace est exécuté par les troupes anglaises.

1337 Début de la guerre de Cent Ans.

1415 Victoire anglaise à Azincourt.

La période Tudor

1455-1485 La guerre des Deux Roses déchire l'Angleterre et permet à Henri Tudor de prendre le pouvoir.

1534 Par l'Acte de suprématie, Henri VIII rompt avec Rome et devient chef de l'Église d'Angleterre.

1541 Henri VIII se proclame roi d'Irlande.

1558 L'Angleterre perd Calais, sa dernière possession en France.

1562 Les marins britanniques commencent le commerce des esclaves.

1588 Les Anglais vainquent l'Invincible Armada espagnole.

1600 Création de l'East India Company.

La naissance du Royaume-Uni et la guerre civile

1603 Après la mort d'Élisabeth Ire, le roi Jacques VI d'Écosse devient roi d'Angleterre.

1616 Mort de William Shakespeare.

1620 Le *Mayflower* embarque pour les Amériques.

1649 Charles Ier est exécuté.

1653 Oliver Cromwell devient lord-protecteur.

1660 Restauration de Charles II sur le trône.

1666 Un grand incendie détruit les deux tiers de Londres.

1672 Création de la Royal African Company pour réguler le commerce des esclaves.

1688-1689 La Glorieuse Révolution aboutit sur l'institution d'une monarchie parlementaire constitutionnelle.

1694 Création de la Banque d'Angleterre.

1707 Acte d'union entre l'Écosse et l'Angleterre, qui forment désormais le Royaume-Uni de Grande-Bretagne.

À la conquête du monde

1713 Le traité d'Utrecht met fin à la guerre de Succession d'Espagne, les Britanniques agrandissent leur domaine colonial et s'emparent notamment de Gibraltar.

1763 Fin de la guerre de Sept Ans, les Britanniques prennent le contrôle du Canada.

1775-1783 Guerre d'Indépendance des colonies américaines.

1788 La « Première Flotte » débarque en Australie et y fonde la première colonie britannique.

1801 Acte d'union avec l'Irlande et création du Royaume-Uni de Grande-Bretagne et d'Irlande.

1805 Victoire britannique contre la flotte franco-espagnole à Trafalgar.

1807 Le Royaume-Uni abolit le commerce des esclaves, avant d'abolir totalement l'esclavage dans l'empire en 1838.

1815 Défaite napoléonienne à Waterloo, les Britanniques profitent du congrès de Vienne pour agrandir considérablement leur empire colonial.

1825 Inauguration de la première ligne ferroviaire transportant des passagers au monde dans le nord de l'Angleterre.

1829 Le Parlement vote l'émancipation des catholiques.

1837 Victoria monte sur le trône, elle devient impératrice des Indes en 1876.

1838 Charles Dickens publie *Oliver Twist*.

1854-1855 Les Britanniques participent à la coalition contre la Russie pendant la guerre de Crimée.

1899-1902 La guerre des Boers en Afrique du Sud oppose les descendants des colons néerlandais aux troupes britanniques.

1904 La signature de l'Entente cordiale avec la France met fin à des tensions coloniales en Afrique.

1907 Le Royaume-Uni, la France et la Russie signent la Triple Entente, qui règle les tensions coloniales en Asie.

LES GUERRES MONDIALES

1914-1918 Au cours de la Première Guerre mondiale, le Royaume-Uni combat contre l'Allemagne, l'Autriche-Hongrie et l'Empire ottoman.

1916 Insurrection de Pâques en Irlande.

1920 La Palestine, la Transjordanie et la Mésopotamie passent sous mandat britannique.

1921 Le traité de paix anglo-irlandais provoque la partition de l'île et la création de l'État libre d'Irlande.

1924 Ramsay MacDonald devient le premier Premier ministre travailliste.

1927 Création de la BBC.

1928 Le droit de vote est accordé à toutes les femmes de plus de 21 ans.

1931 Le Statut de Westminster met fin aux dominions britanniques au Canada, en Irlande, en Australie, en Nouvelle-Zélande, en Afrique du Sud et à Terre-Neuve. Création du Commonwealth des nations.

1939 Début de la Seconde Guerre mondiale : le Royaume-Uni déclare la guerre à l'Allemagne nazie après l'invasion de la Pologne.

1940-1941 Au cours de la bataille d'Angleterre, les bombardements allemands sur les grandes villes britanniques font plusieurs dizaines de milliers de morts.

1941 L'entrée en guerre des États-Unis constitue la naissance de la *special relationship*.

1942 La victoire britannique à El-Alamein ouvre la voie à la reconquête de l'Afrique du Nord.

1943-1945 Les troupes britanniques participent à la reconquête des territoires occupés par les Allemands en Europe et des territoires occupés par les Japonais dans le Pacifique.

1945 Les Britanniques participent à la conférence de Yalta et à la création de l'ONU.

LA FIN DE L'EMPIRE, LA *SPECIAL RELATIONSHIP* ET L'EUROPE

1947 Indépendance de l'Inde et du Pakistan.

1948 Les troupes britanniques quittent la Palestine avant la création de l'État d'Israël.

1949 George Orwell publie *1984*.

1952 Élisabeth II monte sur le trône.

1952 Premier essai nucléaire britannique.

1956 Crise de Suez : les Britanniques interviennent aux côtés des Français et des Israéliens contre la nationalisation égyptienne du canal de Suez ; les États-Unis et l'URSS s'opposent à cette opération.

1956-1968 Indépendance de la plupart des colonies africaines, asiatiques et caribéennes britanniques.

1960 Création de l'Association européenne de libre-échange (AELE) par le Royaume-Uni et six autres États européens, pour contrer la création de la Communauté économique européenne (CEE).

1962 Les accords de Nassau renforcent la coopération militaire américano-britannique et renforcent la « relation spéciale ».

1963 Premier échec de l'adhésion britannique à la CEE.

1963 Les Beatles sortent leur premier album.

1967 Les Britanniques annoncent l'abandon de leurs engagements « à l'est de Suez ».

1969 Vol inaugural du *Concorde*.

1969 Début des « troubles » en Irlande du Nord.

1971 Attribution des concessions pétrolières en mer du Nord.

1973 Le Royaume-Uni devient membre de la CEE.

DE MARGARET THATCHER À TONY BLAIR

1979 Margaret Thatcher est élue pour la première fois Premier ministre.

1981 Émeutes raciales à Brixton et dans d'autres quartiers d'Angleterre.

1982 Guerre des Malouines.

1984-1985 Grande grève des mineurs.

1986 Le gouvernement privatise les principales industries du pays.

1990 Margaret Thatcher quitte le pouvoir, John Major devient Premier ministre.

1991 Les Britanniques participent à l'opération « Tempête du désert » pour libérer le Koweït.

1992 Ouverture du tunnel sous la Manche.

1997 Tony Blair devient Premier ministre ; la dévolution est accordée pour l'Écosse et le pays de Galles.

1997 Hongkong est rétrocédé à la Chine.

1998 Les accords du Vendredi saint sont signés en Irlande du Nord.

2001 Les Britanniques s'engagent aux côtés des États-Unis en Afghanistan, après les attentats du 11 septembre.

2003-2009 Les Britanniques participent à l'intervention en Irak aux côtés des États-Unis.

2005 Les attentats du 7 juillet, perpétrés par de jeunes Britanniques, tuent 52 personnes dans les transports londoniens.

2007 Gordon Brown devient Premier ministre.

Sources : www.bbc.co.uk ; *Questions internationales*, n° 20.

BREUILLARD M., *L'Administration locale en Grande-Bretagne, entre centralisation et régionalisation*, Paris, L'Harmattan, 2000.

BRYANT C.G.A., *The Nations of Britain*, Oxford, Oxford University Press, 2006.

CANTLE T., *Community Cohesion, a Report of the Independant Review Team*, Home Office, 2001.

CHALINE C., *Le Royaume-Uni. Économie et régions*, Paris, Masson, 1991.

OUVRAGES ET ARTICLES

ABLAIN A., *Le Pays de Galles. Identité, modernité*, Éditions Armeline, Crozon, 2000, 301 p.

APPERT M., *Coordination des transports et de l'occupation de l'espace pour réduire la dépendance automobile dans la région métropolitaine de Londres*, thèse, Institut français de géopolitique, université Paris-VIII, 2005.

BAILONI M., *La Question régionale en Angleterre. Nouvelles approches politiques du territoire anglais*, thèse, université Montpellier-III, 2007.

BALL S., PETSIMERIS P., « Greater London entre hétérogénéité ethnique et polarisation sociospatiale », *Cybergeo*, n° 122, 2000.

BLAIR T., *La Nouvelle Grande-Bretagne*, La Tour-d'Aigues, Éditions de l'Aube, 1996.

BLEICH E., « Des colonies à la métropole. Le poids de l'histoire sur l'intégration des immigrés en Grande-Bretagne et en France », *in* P. Weil et S. Dufoix, *L'Esclavage, la colonisation et après…*, Paris, PUF, 2005.

BOGDANOR V., *Devolution in the United Kingdom*, Oxford, Oxford University Press, 1999.

BRADBURY J. (DIR.), *Devolution, Regionalism and Regional Development: The UK Experience*, Londres, Routeldge, 2006.

CHALINE C., PAPIN D., *Le Royaume-Uni ou l'exception britannique*, Paris, Ellipses, 2004.

CHAMPION T. *ET AL.*, *The Population of Britain in the 1990's*, Oxford, Clarendon Press, 1996.

CHARLOT M., *Le Pouvoir politique en Grande-Bretagne*, Paris, PUF, 1998.

CHASSAIGNE P., *Histoire de l'Angleterre, des origines à nos jours*, Paris, Flammarion, coll. « Champs », 1996.

CLOUT H., *Histoire de Londres*, Paris, PUF, « Que sais-je ? », n° 3428, 1999.

COLLECTIF, *Le Royaume-Uni, puissance du XXe siècle, Questions internationales*, n° 20, 2006.

COLLECTIF, « Mutations et inerties spatiales dans le Royaume-Uni d'aujourd'hui », *Géocarrefour* vol. 83, n° 2, 2008.

COLLECTIF, « Reconversion, patrimoine et renouveau au Royaume-Uni », *Revue géographique de l'Est*, n° 3/2008, 2009.

COLLIGNON B., *Géographies anglo-saxonnes*, Paris, Belin, 2001.

COLLS R., *Identity of England*, Oxford, Oxford University Press, 2002.

CULLEN C., *Margaret Thatcher, une dame de fer*, Paris, Odile Jacob, 1991.

CULLINGWORTH B., Nadin V., *Town and Country Planning in the UK*, Londres, Routledge, 2006.

CUNLISSE D. (DIR.), *The Penguin Atlas of British and Irish History*, Londres, Penguin, 2001.

DAVIES N., *The Isles, a History*, Londres, Macmillan, 1999.

DORLING D., THOMAS B., *People and Place. A 2001 Census Atlas of the UK*, Bristol, The Policy Press, 2004.

DOUZET F., « Pour une démarche nouvelle de géopolitique urbaine », *Hérodote*, n° 101, 2001.

DUFFY S., *Atlas historique de l'Irlande*, Paris, Autrement, 2002.

EDELBLUTTE S., *Paysages et territoires de l'industrie en Europe. Héritages et renouveaux*, Paris, Ellipses, 2009.

FAUCHER-KING F., LE GALES P., *Tony Blair 1997-2007. Le bilan des réformes*, Paris, Presses de Sciences Po, 2007.

FONS J.-P. (dir.), *Le Parti conservateur britannique*, Rennes, Presses universitaires de Rennes, 2007.

FRISON D., *Histoire constitutionnelle de la Grande-Bretagne*, Paris, Ellipses, 2005.

GARBAYE R., *Repenser l'intégration politique des immigrés en Europe*, Robert Schuman Center for Advance Studies, 2005.

GARDINER V., MATTHEWS H. (DIR.), *The Changing Geography of the UK*, Londres, Routledge, 2000.

GIBLIN B., PAPIN D., SUBRA P., « Paris-Londres : enjeux géopolitiques de villes-capitales », *Hérodote*, n° 101, 2001.

GIDDENS A., BLAIR T., *La Troisième Voie*, Paris, Le Seuil, 2002.

Greater London Authority, *Census Profiles: Bangladeshis in London*, 2004.

Guiffan J., *La Question d'Irlande*, Bruxelles, Complexe, 2006.

Hall P., *Urban and Regional Planning*, Londres, Routledge, 2002.

Hardill I., Graham D. T., Kofman E., *Human Geography of the UK. An Introduction*, Londres, Routledge, 2001.

Hazell R. (dir.), *The English Question*, Manchester, Manchester University Press, 2006.

Lacoste Y., *La géographie, ça sert d'abord à faire la guerre*, Paris, Maspero, 1976.

Lacoste Y. (dir.), *Dictionnaire de géopolitique*, Paris, Flammarion, 1995.

Lacoste Y., *Géopolitique, la longue histoire d'aujourd'hui*, Paris, Larousse, 2006.

Lassale D., *Les Relations interethniques et l'intégration des minorités au Royaume-Uni*, Paris, L'Harmattan, 2002.

Lemosse M., « Les Anglais et le multiculturalisme », *Cahier de l'Urmis*, n° 6, 2000.

Leruez J., *L'Écosse, vieille nation, jeune État*, Crozon, Éditions Armeline, 2000.

Leruez J., *Le Système politique britannique*, Paris, Armand Colin, 2001.

Leydier G., *La Question écossaise*, Rennes, Presses universitaires de Rennes, 1998.

Marr A., *The Day Britain Died*, Londres, Profile Books, 1999.

Marx R., *Histoire de la Grande-Bretagne*, Armand Colin, Paris, 1996.

Mohan J., *A United Kingdom? Economic, Social and Political Geographies*, Londres, Arnold Publisher, 1999.

Molin A., *Politique de la ville en Grande-Bretagne et plus particulièrement en Angleterre*, Rapport pour la délégation interministérielle, France, 2003.

Mongrenier J.-S., « L'armée britannique, projection de puissance et géopolitique euratlantique », *Hérodote*, n° 116, 2005.

Moore D., *Ethnicité et politique de la ville en France et en Grande-Bretagne*, Paris, L'Harmattan, 2001.

Morley D., Robins K. (dir.), *British cultural studies: Geography, nationality and identity*, Oxford, Oxford University Press, 2004.

Nagle G., *Advanced Geography*, Oxford, Oxford University Press, 2001.

Nairn T., *The Break-Up of Britain: Crisis and Neo-Nationalism*, Londres, New Left Books, 2003.

Newman P., Thornley A., *Urban Planning in Europe*, Londres, Routledge, 1996.

Ni Bhrolchain M., « The Ethnicity Question in the 1991 Census: Background and Issues », *Ethnic and Racial Studies*, vol. 13, n° 4, 1990.

Nielsen J., « L'islam en Grande-Bretagne », compte rendu du 17 janvier 2003, sur le site Internet « Islam et laïcité » : http://islamlaicité.org/article.php3?d_article=22, consulté le 3 juillet 2004

Papin D., *Politiques urbaines et multiculturalisme en Angleterre. Le cas du quartier de King's Cross à Londres*, thèse, Institut français de géopolitique, université Paris-VIII, 2006.

Parekh B., *The Future of the Multi-Ethnique Britain*, Londres, Profile Books, 2000.

Paxman J., *Les Anglais, portrait d'un peuple*, Paris, Éditions Saint-Simon, 2003.

Redfern D., *Human Geography. Change in the United Kingdom in the Last 30 Years*, Londres, Hodder and Stoughton, 2001.

Schnapper P., « L'impact de la guerre en Irak sur l'élection », *Revue française de civilisation britannique*, vol. XIII, n° 3, 2005.

Therwarth I., « La question de l'immigration : l'importance des "Asiatiques" », *Questions internationales*, n° 20, 2006.

Tomaney J., Mawson J. (dir.), *England: The State of the Regions*, Bristol, The Policy Press, 2002.

Travers T., *The Politics of London*, Londres, Palgrave, 2004.

Wehling H.-W., *Grossbritannien*, Darmstadt, WBG, 2007.

Wieviorka M., *Une société fragmentée ?*, Paris, La Découverte, 1997.

Wihtol de Wenden C., *L'Immigration en Europe*, Paris, La Documentation française, « Vivre en Europe », 1999.

SITOGRAPHIE ET FILMOGRAPHIE

SITES INTERNET

Sites Internet des institutions politiques et administratives britanniques

www.berr.gov.uk Site du Department for Business, Innovation and Skills

www.dclg.gov.uk Site du Department of Communities and Local Government

www.dcsf.gov.uk Site du Department for Children, Schools and Families

www.defra.gov.uk Site du Department for Environment, Food and Rural Affairs

www.dfid.gov.uk Site du Department for International Development

www.dft.gov.uk Site du Department for Transport

www.dh.gov.uk Site du Department of Health

www.direct.gov.uk Site du gouvernement central

www.fco.gov.uk Site du Foreign and Commonwealth Office

www.homeoffice.gov.uk Site du Home Office

www.london.gov.uk Site des institutions du Grand Londres

www.mod.uk Site du ministère de la défense

www.northernireland.gov.uk Site des institutions nord-irlandaises

www.number10.gov.uk Site du bureau du premier ministre

www.parliament.uk Site du Parlement

www.royal.gov.uk Site de la monarchie britannique

www.scotland.gov.uk Site des institutions écossaises

www.scottish.parliament.uk Site officiel du Parlement écossais

www.thecommonwealth.org Site du Commonwealth

www.wales.gov.uk Site officiel du Parlement gallois

Sites Internet des grands partis politiques britanniques

www.conservatives.com Site du parti conservateur

www.labour.org.uk Site du parti travailliste

www.libdems.org.uk Site du parti libéral-démocrate

Sites Internet de statistiques et de géographie

www.gro-scotland.gov.uk General Register Office for Scotland

www.londonstockexchange.com Bourse de Londres pour des informations économiques

www.neighbourhood.statistics.gov.uk Statistiques locales

www.nisra.gov.uk Northern Ireland Statistics and Research Agency

www.nomisweb.co.uk Statistiques de l'emploi

www.ordnancesurvey.co.uk Ordnance Survey (institut cartographique)

www.statistics.gov.uk Office for National Statistics (Angleterre et pays de Galles)

Les médias

www.bbc.co.uk BBC (télévision et radio) diffusée dans le monde

www.economist.com *The Economist*

www.ft.com *Financial Times*

www.guardian.co.uk *The Guardian*

www.independent.co.uk *The Independent*

www.newstateman.com *The New Statesman*

www.telegraph.co.uk *The Daily Telegraph*

www.timesonline.co.uk *The Times*

http://uk.reuters.com Site de l'agence de presse britannique

Divers

www.london2012.com Site officiel des Jeux olympiques

www.visitengland.fr Office du tourisme anglais

QUELQUES FILMS QUI ONT MARQUÉ LA SOCIÉTÉ BRITANNIQUE

Les 39 Marches (The 39 Steps), Alfred Hitchcock, 1935.

About a Boy, Chris Weitz, 2002.

Au nom du père (*In the Name of the Father*), Jim Sheridan, 1994.

Billy Elliot, Stephen Daldry, 2000.

Bloody Sunday, Paul Greengrass, 2002.

The Boxer, Jim Sheridan, 1997.

Le Dernier Roi d'Écosse (*The Last King of Scotland*), Kevin MacDonald, 2006.

Dirty Pretty Things, Stephen Frears, 2002.

L'Éducation de Rita (*Educating Rita*), Lewis Gilbert, 1983.

Elizabeth, Shekhar Kapur, 1998.

Fish & Chips (East is East), Damien O'Donnel, 2000.

Full Monty - Le Grand Jeu, Peter Cattaneo, 1997.

Gandhi, Richard Attenborough, 1982.

Good Morning England (*The Boat that Rocked*), Richard Curtis, 2009.

Harry Potter à l'école des sorciers (*Harry Potter and the Philosopher's Stone*), Chris Columbus, 2001.

In Which We Serve, Noel Coward et David Lean, 1942.

Joue-la comme Beckham, Gurinder Chadha, 2005.

Just a Kiss, Ken Loach, 2005.

La Loi du Milieu (Get Carter), Mike Hodges, 1971.

Match Point, Woody Allen, 2005.

Monty Python - La Vie de Brian (*Monty Python's Life of Brian*), Terry Jones, 1979

My Beautiful Laundrette, Stephen Frears, 1985.

Noblesse oblige (*Kind Hearts and Coronets*), Robert Hamer, 1949.

Oliver Twist, David Lean, 1948.

Orgueil et préjugés (Pride and Prejudice), Joe Wright, 2005.

The Queen, Stephen Frears, 2006.

Raison et sentiments (*Sense and Sensibility*), Ang Lee, 1995.

Sunday, Bloody Sunday, John Schlesinger, 1971.

This Is England, Shane Meadows, 2008.

Trainspotting, Danny Boyle, 1996.

Le vent se lève (*The Wind that Shakes the Barley*), Ken Loach, 2006.

Vera Drake, Mike Leigh, 2005.

Les Virtuoses (*Brassed Off*), Mark Herman, 1997.

Wallace et Gromit - Le Mystère du lapin-garou (*Wallace & Gromit: The Curse of the Were-Rabbit*), Nick Park, 2004.

Zoulou (*Zulu*), Cy Endfield, 1964.